学校危機への準備と対応

How to Prepare for and Respond to a Crisis
(2nd Edition)

D. J. ショーンフェルド
R. リヒテンシュタイン
M. K. プルエ
D. スペーゼ=リネハン
著

元村直靖
監訳

誠信書房

HOW TO PREPARE FOR AND RESPOND TO A CRISIS
2nd edition
By D.J.Schonfeld, R.Lichtenstein, M.K.Pruett, D.Speese–Linehan

日本語版への序文

二〇〇一年九月十一日、ニューヨークの世界貿易センター（World Trade Center）およびワシントンのペンタゴンに対する攻撃から三年の歳月が経過しました。そして、今年二〇〇四年、始業式を迎えたロシア・ベスランのミドル・スクールで、千人を越える人質がとらえられたテロから十日が過ぎようとしています。この事件では、結果として三百人を越える人質が死亡し、その死者の約半数は子どもたちでした。

世界の至る所で起き続ける自然災害、人的な災害と同様に、このようなテロリスト事件は、日々のなかに潜む危機的状況に対して学校が準備しておくことの重要性を思い出させます。学校はもともとたいてい地域コミュニティの中心にあり、広い社会のなかに存在する問題や葛藤への抵抗力はあまりありません。しかし、しばしばある個人は意図的に学校の子どもたちを犠牲者にします（たとえば、二〇〇一年六月八日、日本の池田小学校における殺傷事件など）。ロシア・ベスランでの人質事件でもまた、誰もが望まない多くの恐怖に直面させられました。それはすなわち、学校であっても等しくテロリストの攻撃対象とされるという恐怖です。

これら最近の事件によって、私たちは、学校に影響を与える危機的状況への準備をするために迅速に対応します。しかし一方で、学校が存在し、そこは比較的安全であったという事実を忘れないこともまた重要なことです。私たちの計画は、稀な破滅的な出来事にのみ注目すべきではないと考えています。そのような特殊な例だけではなく、自然か偶然かの原因によって、あるいは天候に関連する災害によって児童や職員の死がもたらされるような、より一般的な危機的状況をも含んだかたちで、潜在的な危機に取り組むべきであると考えています。

私たちの準備は、物理的なセキュリティおよび安全性を最大限にする計画を統合し、関連情報の適時で正確な伝達を保証するものでなくてはなりません。さらに、メンタルヘルスに取り組み、学校の危機的状況のなかで児童および職員の要求を支援するものでなくてはなりません。それは、すなわち児童と職員は安全でなければならず、彼ら自身が安全なことを知り、感じていなければならないということです。これら三つの領域のうち、ほんの一つあるいは二つだけに取り組もうとしても、おそらくこれらの領域のどれにも有効ではありません。

過去二年半のニューヨーク公立学校内における私たちの研究により、以下のことが明らかになりました。それは、学校は、コミュニティの危機（学校で生じていないものを含む）からの子どもたちやその家族の復旧を促すサービスを提供する場としても、重大な役割を果たしうるということです。学校は最も信頼されており、包括的な社会機関の一つです。すなわち、学校は事実上、すべての子どもおよびその家族の必要を満たし、それゆえに危機的状況に対するコミュニティ全体の対応を支援し、かつ効果的な回復を促すためのサービスを提供するための場として存在すべきものなのです。

日本では、かなり最近まで、大規模な学校の危機的状況にあまりさらされることはありませんでした。ところが、二〇〇一年六月八日の池田小学校の悲劇（八人の低学年児童および十五人の他の児童と職員を殺傷した事件）の後に、国は、大阪教育大学に学校危機メンタルサポートセンターを設立するために迅速な処置を講じたのです。

私は、日本でのセンターの設立および学校危機への対応計画の状態に関して、さらに学ぶために池田を訪ねました。そこで、日本のコミュニティや子どもに対する誠実な対応に心を打たれました。私は、社会の安全性を考えるならば、その社会における子どもを守る力を評価していくべきだと考えています。日本の学校は将来の危機的状況に対して，学校とコミュニティに準備と適切な段階をとると思われます。

しかし，おそらくアメリカよりも日本の学校は，非学術的な物事（メンタルヘルス問題を含む）に取り組むことに歴史上重きをおいておらず，危機的状況の間およびその後の協力的な意志決定に必要な学際的なチーム（セキュリティ，物理的な専門家およびメンタルヘルスの専門家，管理者，教師および他の学校スタッフを組織化したもの）を奨励した経験が多くありません。そして，日本の学校は多数集団にも働きかけ，危機的状況によって影響をうけた個人の葛藤・欲求・展望にも働きかけるという不安定な文化のなかに存在するのです。

これらの挑戦は，子どもや職員を保護し支援するために学校との関わりをもつ専門家と同様に，学校危機メンタルサポートセンターの取り組みを通じて学校の教師，管理者およびすべての学校スタッフの授業前，授業中の専門的な発達および訓練を増強することも可能です。

日本は，学校危機メンタルサポートセンターの設立を通じて，学校危機管理計画を促進する主導的な立場にあります。私は，破滅的な学校危機に対応する必要がほとんどないことを望んでいます。しかしその一方で、このような日本の体制が他の国々に対する手本として役立ち、世界中の学校が潜在的な危機状況に対して準備をすることができるように、その準備を援助する方法を導き出すことを望んでいます。

二〇〇四年九月十六日

デイビッド・ショーンフェルド
ロバート・リヒテンシュタイン
マーシャ・クライン・プルエ
ディー・スペーゼ=リネハン

序　文

学校の危機的状況によって生徒と教職員に及ぶであろう影響に対処することは、学校の主要な任務ではありませんし、教職員や学校管理者はそのような専門家でもありません。ですから多くの学校が、生徒や教職員に影響を与えるであろう危機的状況に対する計画や防止策をもっていないとしても不思議ではありません。その結果、たとえば、二〇〇一年九月十一日のニューヨークにおける世界貿易センタービルのテロ事件のような大きな危機的状況において、学校の教職員は混乱に陥ります。学校および広く地域社会の一員として、彼らは生徒と同様に危機によって個人的に影響を受けたり、より直接的に影響されることがあります。学校の教職員は効果的な危機介入チームを組織したり、長期的な見通しが必要とされるときにそれを維持することができないかもしれません。さらに、教職員は学校危機によるショックの全貌を過小評価したり、問題の大きさやその重要性や個人的問題に圧倒されるように感じたりするかもしれません。よく準備された学校危機への対応を計画することは難しいのです。

一九九一年に設立された地域危機委員会が発展して、学校危機を防止する目的で、「暴力にさらされた児童のための国立センター」（National Center for Children Exposed to Violence：ＮＣＣＥＶ）が設立されました（www.nccev.org）。これは、エール大学子ども研究センターと地域のメンタルヘルスの専門家や法的機関の代表者、地方および州の教育機関などによって共同で開発された組織です。

私たちの使命は、基本的な計画と訓練を通して学校の教職員に力を与えること、危機状況における生徒と職員のメンタルヘルス上の問題に対応できる能力を学校が備えるようにすること、そして具体的な危機状況において生じる問題を解決するための技術的な援助を提供することです。十年間、私たちは、全国の学校システムに対してはもちろん、コネチカット州の半数以上の学校に対して訓練を提供してきました。そして多くの学校危機事件において、技術的な援助を提供してきました。二〇〇一年九月十一日のテロ事件の後、ニューヨークの教育委員会では、ニューヨークの学校の復旧のための協力関係組織をつくり上げました。ＮＣＣＥＶは、テロの直後からニューヨークの教育委員会に協力をしています。ＮＣＣＥＶのなかに設置された学校危機予防と対策会議は、学校危機対策を組織立てる援助をしたり、ニューヨークにある一千二百校、一千百万人以上の生徒からなる学校組織に対して訓練をしています。*

私たちが開発した学校危機対応モデルはプログラム・モデルです。それにより、危機のときに対応する組織を提供し、主要な問題を解決することと適切な段階を経ること、必要な人的資源が配備されることが保証されます。このように計画を立てることによって、学校は教職員がもっている、子どもの発達についての専門知識や子ども支援の経験、さらに子ども集団についての個別的知識をうまく活用することができます。私たちが見出したところでは、適切に準備された学校基盤の危機対応チームは、学校と地域社会に影響を与えるような危機的な事件に効果的に対応できます。しかし計画や準備がないと、学校はこのような潜在能力を発揮できないことが多いのです。

現在では本書の初版が発行されたときに比べ、学校危機の対応計画がもっと必要になっ

---

*（訳注）ここで、ニューヨーク州の小・中学校のシステムについて簡単にふれておきたい。ニューヨーク州では、市の教育長（Chancellor）の下に、マンハッタン、ブロンクス、ブルックリン、クイーンズ、スタテン島の五つの行政区（borough）があり、マンハッタン内には、六つの学区（district）が設定されている。学区ごとには、その区域の教育長に相当するスーパーインテンダントが設置されており、その下に各学校がある。

てきているのは厳然たる事実です。私たちの経験から明らかなのは、問題が時宜にかなっているということだけでなく、本書で述べられている忠告と最良の事例が依然として重要だということです。危機事件に備えて学校社会をどのように整備すればよいかを計画するのに役立つ情報を、読者が見出して下さることを期待します。

謝辞

私たちは、学校危機の予防と対策会議のスコット・ニューガス氏の協力をありがたく思います。なお、氏はプログラムの技術援助コーディネーターです。

目次

第1章　学校危機に対する準備

一九九一年の冬、湾岸戦争時のアメリカ国内での対応策の一つとして、エール大学子ども研究センターは、大学、学校、地域社会および専門行政機関からなる委員会を招集し、危機時の児童・生徒に対するメンタルヘルスの必要性を検討しました。幸いにして、国家的脅威はすぐに解決しましたが、委員会の参加者たちはすぐにこの会を解散する意向を却下しました。危機とトラウマが特に児童・生徒に、しかも児童・生徒だけではなく、アメリカの都市の人びとの生活においても依然として脅威であるということについて、委員会のメンバーははっきり同意したのです。

議論の結果、委員会のメンバーたちは法律にもとづいて危機委員会を設立し、次の三つの目標を掲げることから始めました。それは、①学校危機介入モデル（学校区がそれぞれの計画と手続きができるような一般的枠組み）を開発すること、②学校教職員が危機事態に備えて効果的に対応できるように訓練すること、そして、③地域のために緊急時のメンタルヘルス・サービスと人的資源を開発し、仲介をすることです。

開始当初の段階で、早くもそのプロジェクトは時間と労力をかけるに値するものであることが証明されました。四つの学校区の行政官と学校教職員からなるチームが、効果的な危機対応の中心となる臨床技能と行政的手続きに焦点が当てられた訓練を受けました。プロジェクトが動き出した当初一年間で、訓練を受けたチームは彼らの学校危機介入の技能と手続きを四十回以上、平均して二校につき一つの事件で実践しました。これらの事件の一つである「スクールバスがギャングの闘争にまきこまれて、銃撃であやうく死にかけた幼稚園児童事件」は、マスコミで大きく注目されました。

私たちの委員会の努力を継続し展開するために、学校危機の状況とその効果的な予防や対応の重要性について私たちがまとめた事実にもとづき、外部からの資金調達を得ることにしました。グレイター・ニュー・ヘブン地域社会基金とウィリアム・キャスパー・グロースタイン記念基金が、私たちの仕事を支援することに同意しました。

本書は、このような共同作業プロジェクトにおいて作成されたものを編集したものです。本書で取りあげていることは、①このアプローチのもとになる基本的理念と論理、②学校が危機状況に備えるための一般的モデルと実践ガイドライン、③実際の危機発生時に危機計画を実施するための要領、そして、④危機の訓練と予防と対応において役立つ実例計画、形式、チェックリストおよび人的資源についてです。

問題の見通し

子どもたちが常に攻撃や暴力、喪失にさらされているということは事実ですが、銃器の入手しやすさとますます増加すると思われる地域犯罪での死亡率が、このような脅威の性質を変化させています。アメリカの都市における黒人男性青年や若者の間で、銃に関係した殺人はいまや死亡原因の第一位になっています（American Academy of Pediatrics, 1992）。ある研究では、都市の高校生の半数が身近な誰かが殺されたのを知っていると報告しており、三七％が発砲を目撃しています（Pastore et al., 1991）。別の研究では、都市の高校生の二〇％が銃で脅されたことがあり、また一二％が銃の標的になったことがあると報告しています（Sheley et al., 1992）。暴力は青年や若者だけの問題ではありません。都市部の小児科で、六歳以下の子どもをもつ親に対する調査をしたところ、七%が子どもがすでに発砲や刺殺を目撃したことがあると報告しています（Taylor et al., 1992）。

安全な学校をつくることについての関心が高まっていることは、学校が地域社会における基本的な部分であること、そしてそれらの地域社会の多くがますます安全でなくなっていることを反映しています。家族生活や地域社会の構造に対してそのように深刻な影響を与えた社会的経済的状況の悪化が、学校社会に影響を与えないはずがありません。学校は地域暴力の犠牲者（身体的外傷の犠牲者と同様に地域暴力にさらされたとは認知されていない生存者や目撃者）の取り扱いを任されていることに気づくでしょう。いつでも起こりうる危機の発生を防ぐために、そして実際に起こる危機的事件による悪影響を減少させるために、学校が効果的な危機予防と対応計画を発展させて実行することがこれまで以上に必要になっています。

基本的理念と重要な概念

本書におけるアプローチのもとになっている第一の中核的理念は、学校現場において危機状況は避けがたいものであるということです。たしかに、学校の安全に取り組む予防努力は、生徒たちの個別的で情緒的な要求に対応する予防努力と同様に、危機が生じる可能性を減少させることについて大いに役立つこともあります。私たちは、できる限り学校を安らぎの場所（子どもたちに教育を提供する安全で秩序正しく予測できる場所）につくり上げようとしています。

しかし残念なことに、私たちが教育者として制御できることには一定の限界がありますし、保護者が子どもたちを安全に守ることにも限度があります。私たちが暮らす世の中では、自然危機や生命に関わる病気のほか、人間の暴力による事件が頻発しており、子どもに対する脅威はますます明らかになっています。

第二の中心的概念は、危機には人が関与し、状況に対するその人の個別的反応が関係するということです。危機状況を特徴づけるのは事件そのものではなく、たとえば恐怖、混乱、戸惑いや絶望など、その事件が引き起こす反応なのです。危機への取り組みは、個人の身体的かつ精神的な健康に関わっているのです。

学校の危機状況は、生徒や教職員に深刻な影響を与える可能性があります。危機介入の目標の一つは、生徒や教職員、そして保護者が体験する心的外傷を最小限にすることです。そのためには、タイミングがとても重要になります。よく訓練された学校への危機介入チームは、学校に対する思いやりと支援の雰囲気作りのための素早い動きが必要です。

多くの学校指導者は、危機を否認したり軽視したり、その影響を避けようとすることで対処する傾向があります。教育的な目標に向けて注意を維持し、すべてが統制された学校を取り戻すために、そのように行動するのも理解できないわけではありません。しかし、学校指導者が生徒や教師の反応を押さえつけようとすると、これは教育の目標と矛盾する働きになり得ます。すなわち押さえつけられることによって個人は、感情を表出することを許されている場合に比べて、危機に対する自分の対処行動をやり遂げるのに長くかかってしまうかもしれませんし、それをうまくやり遂げられないかもしれません。学校指導者が、危機時に起こる個人の反応を押さえつけようとすれば、生徒や教師は学習や教育に取り組めなくなります。その結果、彼らは、学校がますます安全でなくなり疎外的であるように感じるかもしれません。

これらの鍵概念は、私たちの危機反応に対するアプローチの仕方をさらに明確にします。

⑴　学校危機への効果的な対応を確実なものにするために準備は必要不可欠

危機時の素晴らしい指導と推奨される演習を行き渡らせることだけでは十分ではありません。責任者らが、危機の計画と対応策をすぐに実行できる状態にしておかなければならず、何をすべきか、またほかの人が何をしようとしているのかをわかっていなければならず、そして自分たちの明確な責任を極限状態のもとで実行することができなくてはなりません。必要な訓練と計画を実行するためには、危機というものが避けられないものであることを学校教職員らが認めなければなりません。問題は危機が起こるかどうかではなく、危機が起こったとき、それがどんなに深刻なものか、その反応がどのようになるかということなのです。

危機に対しての準備をすることは、危機を中心に考えることとはまったく違います。窮地に立たされた学校管理者は、危機の間断ない雰囲気のために、その先に待ち構えているかもしれないもっと深刻な危機を避けることはおろか、準備することさえしにくくなります。仮想的状況に時間をつぎ込むことは、学校管理者にとって難しいことかもしれませんが、そうすることが非常に重要なのです。

(2) すべての学校で最もうまく機能する理想的な危機準備と対応の計画はない

危機準備と対応の方法は、地域や学校によってさまざまで柔軟なものでなければなりません。これは理想的で万能な公式ではなく、私たちが示すものは学校がそれぞれ独自の要求と性質に適応できるような一般的モデルです。

このモデルの中心となるのは、学校や校区や地域のレベルで、三つの明確に区分された危機対応チームを用いることです。これらのチームは組織的な危機計画において相互作用的な働きをもたらします。学校システムは、これらのチーム特有の機能とその関係について、自分たちのニーズに合わせて注文を付けることができます。たとえば、あらゆる学校（ほとんど危機に遭わない学校を含めて）に十分な準備態勢が求められたとき、校区が小さければ小さいほど、最初の防衛線として、校区の危機対応チームを頼りにすることが多いかもしれません。また、都市の校区や大きい校区、総合的な高等学校では、学校基盤の危機対応チームに重きを置くかもしれません。そして、地域では人的資源や相互連結的な社会ネットワークが少ないので、地域の危機対応チームが指導的立場を取ることになるでしょう。

⑶　どの程度まで実現できるかにかかわらず、あらゆる学校は危機状況に取り組む能力を高めること

生徒らに働きかける人びとに力を与えることは明らかに有効です。生徒や親や学校社会と密接に関わる人は、危機のとき、被害者に方向性と支援を最もよく与えることができます。学校基盤危機対応チームは素早く反応し、個人的にそれぞれの方法で対応し、危機による影響の未解決なところをつねにチェックすることができます。また、多くの教育者の専門的な後ろ盾と経験を与えられれば、学校基盤の危機対応チームは、わずかな訓練と計画で必要なレベルの心構えをもつことができます。学校基盤の危機対応チームを最大限に用いることは、外部専門家による特別起動チーム*よりも断然有効です。また、このチーム

*（訳注）アメリカでは、大規模な災害や犯罪が発生したときの危機対応組織として、ＦＥＭＡ（Federal Emergency Management Agency）やＮＯＶＡ（National Organization for Victim Assistance）などがある。前者は連邦政府の独立組織で、ワシントンに本部があり、全米十カ所の支部では約二千七百名の職員が活動している。ＦＥＭＡは核攻撃を含めて、あらゆるタイプの災害に対する支援を任務としている。一方、ＮＯＶＡはＮＰＯであり、主に犯罪被害者支援を行なっている。直接的な被害者援助、専門家やボランティアの教育及び被害者の権利運動を主な活動としている。両組織とも、危機時には、外部専門家による特別起動チームを派遣しているが、基本的に短期的な危機介入を行なっている。

により学校が深刻な課題に対処し、子どもたちをケアすることができるような共同体をつくることが重要なのです。

(4) 危機対応は、学校共同体でのメンタルヘルスと社会支援システムの一つの構成要素に過ぎない

危機対応のための全体的な方策は、予防や介入、長期支援など（すなわち、緊急あるいは危機状況に対する反応）を含めた統合的支援体系の一部である場合に最も有効です。トラウマ、危険、死、そして喪失は、生活を構成するものの一部なのです。生徒たちがこれらの困難や挫折に対処できるようにする技術は、生活全体にわたって彼らの役に立つでしょう。とどのつまり、教育が生活のための準備でないならば何だというのでしょうか。

教育者として私たちは生徒たちを精いっぱい保護しなくてはなりませんが、想像もつかないような不幸な事件のための心構えをもたなくてはなりません。危機が起こった場合、私たちは生徒たちの心理学的要求を認識し、それに応えることによってできる限り彼らに尽くします。生徒たちの要求に応えることが、彼らの学習能力を取り戻し、対処能力と社会的発達を促進することに役立つのです。

第2章　危機介入モデル

私たちが提供するこの学校危機介入モデルは、あらゆる場合にそのまま適用できるモデルではありません。それぞれの学校や校区、地域において個々の要求に合うように修正、適応および発展させるための基礎として用いられる枠組みです。

チームでの取り組みの長所

危機に対して、チームで取り組むことは、学校共同体のあらゆる集団の利益になります。

生徒たちは実際的な援助や情報、情緒的支援、医療サービス、そして危機時の対処能力の強化を必要とするかもしれません。彼らは、信頼できる大人たちからの援助と支持によって大いに利益を得られるのです。

学校の教員も同じように、チームが提供しうる情報や支持によって利益を得ます。チームのメンバーは危機対応のプレッシャーに直面したときに、お互いに安心や支援を与え合うことができたり、校区からそのような援助を受け取るかもしれません。さらに、親たちも、たとえば学校の教員から特に傷つきやすいとされた生徒たちについて、放課後の数時間でフォローをするなど、学校とより密接な結びつきをもつようになります。

しかし、チームアプローチによって最も恩恵を受けるのは、学校に影響を及ぼす重要な判断において重い責任を担っている校長です（Lichtenstein et al., 1994）。危機のときほど、リーダーシップが試されることはありません。危機のとき、組織や共同体は秩序を取り戻し、困っている人を守るために、指導者を頼りにします。哲学者トーマス・ホッブスは、「生命が脅かされる状況が、究極的な権威を個人に授けるためのまさに根拠になる」と主張しました。

指導者が必要とされているのは事実ですが、すべての判断が中央の指令から発せられるような独裁的アプローチを私たちは支持しません。それとはまったく逆に、大きな危機のときにはそれぞれのスタイルでのリーダーシップや効果的なチームワークと組み合わせた管理能力の方法や活発に機能する集団が必要なのです。

チームで責任を分かつことによって、校長は一方的な危機の重荷や重圧からいくらか解放されます。また、チームアプローチによって校長は多面的な見方ができるようになり、その結果望ましいことに、秩序と安全を最大限に確保すること、学校共同体への正確な情報提供、情緒的な対処や回復の促進といった競合し合ういくつかの優先事項の間で適度なバランスを見出します。

チームで最も重要な責任を分担することは、危機時における極度の要求を校長とスタッフがうまく統制することができるということを最高に保証することとなります。深刻な危機の際、あまりにも多くのことが同時に起こるので、個人はそれらを一人で統制したり、効果的に人に任せたりすることさえできなくなるのです。

共同作業の過程が、校長と教職員のコミュニケーションの増加を促し、保護者・生徒と教職員がよく知り合い理解し合い、校長の努力が評価されることにつながるようにします。チームアプローチから生じる信頼は、危機時の困難さを越えてスタッフのモラールを強めます。

チームでの対応が必要となるのはどんな危機かを判断すること

それぞれのチームがチームでの対応が適切な危機の定義に達することが必要ですが、以下のさまざまな状況についての広いカテゴリーを含んだ定義を提案しましょう。

- 生徒や教職員などの死による学校の人びとに深刻な分裂を及ぼすような死別
- 洪水や火事など、大きな環境的危機
- 学校での銃撃や人質事件、スクールバスの事故、競技場の観覧席の崩壊など、生徒の身体的安全に対する脅威

それぞれのチームが、二次的で差し迫った喪失への対応を結合し統合できるような独自のプログラムをより発展させることを私たちは奨励します。多くの喪失は、右に挙げたものほど激しく明らかなものではないとしても、学校場面のなかで一人あるいはそれ以上の生徒に大きな影響を及ぼし続けているかもしれません。各チームはこのような筋書きにつ

いて、即座の全チームによる対応から選択的支援あるいはカウンセリング・アプローチに至るまで、個別に対応計画などを決める必要があります（たとえば、特定の問題について選ばれた生徒に対してのみ働きかける場合など）。

危機介入チームでは、学校内における予防的なメンタルヘルスやカウンセリングのサービスを行なう個人や集団と緊密に働くことが必要になります。このようなサービスを行なう個人や集団がないと、危機介入チームは役割のうちの一部分だけしか引き受けられないかもしれません。

危機介入モデルでは、学校基盤の危機介入のために提案された一つの組織構造が示されます。対応の仕方は、危機の特徴（たとえば、生徒が自殺したときと生徒の親が自然な原因で死亡したときの対処の対比）や、特定の状況によって非常にさまざまです。

学校危機介入のためのシステム化されたモデル

私たちは、システム化された危機介入プログラムに関する次の三つのレベルの組織を推奨しました。

(1) 地域資源グループ

地域レベルで認められるグループは、校区の個人に対して専門的なコンサルテーションと訓練を提供する役割を担います。また、このグループは地域に必要な人材を監視し、トレーニングやコミュニティ・サービスの点でさまざまな校区間でのコミュニケーションを調整します。地域資源グループは、おそらく年に三〜四回は定期的に集まるべきでしょう。

(2) 校区の危機対応チーム

それぞれの校区では、校区レベルでの危機介入を管理し調整するために、生徒指導者、あるいはその人に指名された者など、少なくとも一人の個人を選ぶべきでしょう。大きな校区では、校区の危機対応チームを設定することを考慮するべきです。この個人あるいはチームは、地域資源グループと学校基盤の危機対応チームの者との連絡を提供し、関連する校区内での方針を、危機介入や適応プログラムモデル、そして地域資源グループによる提案などの点から確立し、人びとが一貫した校区の方針や要請をもてるようにします。このチームは定期的に集まるのがよいでしょう。

(3) 学校基盤危機対応チーム

それぞれの学校では、校区の危機チームによって確立されたガイドラインに従って、それぞれの学校基盤危機対応チームにふさわしいメンバーを特定することが必要です。学校基盤危機対応チームの組み立て方はさまざまですが、それぞれの学校では潜在的チームメンバーとして、次のようなスタッフを考慮するべきでしょう。①チーム代表あるいはチーム副代表、②学校看護師*あるいは校医、③学校ソーシャルワーカー、④学校心理士、⑤カウンセラー、⑥事務員、⑦学校警備員、⑧少なくとも一人の教師。さらにＰＴＡは、チームが適切だと判断した場合には、親との連絡役として特定されるべきでしょう。

校長と校区の危機チームは、学校危機対応チームの名前、電話番号、住所とそれぞれのメンバーの役割のリストが必要です。それぞれの学校危機対応チームのメンバーリストを少なくとも毎年更新する必要があります。

＊(訳注) アメリカの学校では、日本のように養護教諭が保健室に常駐しておらず、看護師が週に数日、学校に巡回してくるシステムをとっている。

危機対応チームは、個別の危機に対応する緊急会議以外に定期的に会議を開かなくてはなりません。

学校に基盤をおいた危機対応メンバーの役割

学校に基盤をおいた危機対応チームのメンバーは、校区危機対応チームによって確立された次のようなガイドラインにより特定の役割を持ちます。個々のメンバーが複合的な役割を担ったり、あるいはチーム代表に任命されて何人かのメンバーである特定の責任を担ったりもします。

チーム代表は、学校管理者によって選ばれ、チームとメンバーの広範で具体的な機能を管理したり、メンバーがあらゆる必要な役割を担うことを保証したり、校区危機対応チームと直接的な連絡をとったりしながら、あらゆる定期的なまたは緊急の危機チーム会議において議長を務める役割を担います。

チーム副代表(または共同議長)は、同じく学校管理者によって選ばれ、あらゆる機能においてチーム代表を補佐し、チーム代表の手があいていない場合にその代役を担います。

カウンセリング・サービスのコーディネーターは、チーム代表によって選ばれる適切なカウンセリング経験をもつメンバーです。彼らは、ある特定の危機が必要とするカウンセリング・サービスの程度や性質の判断を担います。必要とする直接的なサービスを学校が提供することができない場合、彼らは、校区危機対応チームの自分と同じ役割の人と連絡をとって、地域資源グループを動員することを直接に担います。

また、メンバーが彼らの提供する医療サービスから訓練や指導を受けることを保証したり、危機の際に生徒たちに対する直接的なメンタルヘルス・サービスを提供する仕組みをつくったりする役割を担います。たとえば、学校危機対応チームがサービスを提供する支援室を使用しようと決めた場合、カウンセリング・サービスのコーディネーターは、カウンセラーとこれらの支援室のスタッフを割り当てなくてはなりません。

カウンセリング・サービスのコーディネーターは、危機や危機対応の間、スタッフが家庭に派遣する人たちだけでなく、休学を願い出た生徒を管理します。

最終的に彼らは、校区チームのカウンセリング・サービスのコーディネーターから提供された地域の人材リストを参照し、地域の学校の人材をリストに加え、特定の現場との継続的な連絡を確立させる役割を担います。

メディア・コーディネーターは、チーム代表から選ばれた学校管理者であることが望ましく、メディアとのあらゆる連絡をとる役割を担います。学校教職員は、メディア関係者からのあらゆる質問を彼らのところへつなげるべきでしょう。これはチーム代表がすべての学校教職員に対して強調しなければならない重要なポイントです。メディア・コーディネーターは校区危機対応チームの自分と同じ役割の人と密接に協力して働きます。そして、指示があれば簡単な広報を準備し、学校基盤の危機対応チーム代表との共同作業で、職員、生徒、そして親のための通知に載せる適切な説明を準備します。時間があれば、チーム全員がその広報とそれに載せる説明を承認します。

メディア・コーディネーターは、学校に詳しい情報を求めてきたすべての保護者に読んでもらうための説明文を準備したりもします。チーム代表は最終的に、その説明が情報を分かち合うという点において犠牲者や家族からの要請に合致したものであり、信頼性を考慮したものであることを保証する責任があります。メディア・コーディネーターは、さらなる情報が利用できるように、その説明をつねに更新します（たとえば、葬式や記念式典におけるチームのサービスの時間などを知らせます）。

校区のメディア・コーディネーターは、学校が最も極度な困難をもつ教職員のニーズに反応できるようにして、最初の簡単な広報以上にあらゆるメディアの相互作用を処理するべきでしょう。校区のメディア・コーディネーターは危機の報告が正確であり、責任をもって処理されたものであると保証するために、あらゆるメディアに対し注意深く言葉を選んで書かれた広報を提供するべきでしょう。たとえば自殺が生じた場合、校区のメディア・コーディネーターは、自殺の危険信号をチェックして自殺の危険があると感じられる個人のための地域援助資源を認識するようにという要求だけでなく、その自殺をロマンチックに描いたり、被害者を中傷したりしないようにという要求をメディアに知らせるべきです。

スタッフ通知に関するコーディネーターは、チームメンバーや他校のスタッフに放課後必要なときに通知をするための電話連絡網を確立・調整して、作成する役割を担います。彼らは正確で更新された全学校教職員の電話番号リストを保存しなくてはなりません。

コミュニケーションに関するコーディネーターは、学校の事務員か電話応対の役割を担っている人になるでしょう。彼はあらゆる直接的な校内コミュニケーションを管理する役割を担っています。危機対応チームは情報を求めてきた両親に読ませるための簡単な報告を彼に提出します。彼は入ってきたすべての要求を選別し、危機に関する電話の内容を保存します。彼はまた、スタッフ通知に関するコーディネーターの役割を手伝って、地域資源や校区のスタッフの正確な電話番号リストが維持されるようにします。

集団管理に関するコーディネーターは、起こりうるさまざまな危機事態における集団管理の方法を計画し、その計画が開始されたら生徒やスタッフの動きを直接に指導する責任者です。危機の際、彼は生徒が集まる屋内と屋外のそれぞれの場所や、それぞれの電話ブースなどの公共空間をモニターする人を配置します。また、彼は特別な解散手続きを実行し、それを監視したりもします。

学校基盤の危機対応チームは、学校の独自な集団管理計画において地域警察や消防署と協同で働くのがよいでしょう。さらにチームは火災非難計画を参照して、その計画が最新でその他の緊急避難に適切なものであるようにすべきでしょう。警察と学校がつねに連絡をとれる状態にしておくことが必要不可欠です。

集団管理計画では、物的証拠を保存するための立ち入り禁止区域を配備したり、発表のために生徒や教員を集めたり、生徒らの安全と整理された活動を保証することも必要です。たとえば、学校内での狙撃者への対応としての危機対応チームは、火災時の組織された避難計画にならって、生徒がバラバラになるのを防ぐための手段をもたなくてはなりま

表２-１　学校に基盤をおいた危機対応チームのメンバーの役割*

①代表（Crisis Team Chair）
- チーム内のあらゆる会議を取り仕切る
- チームの全体的な機能のしかたと特定の部分での機能のしかたを監督する
- 集団プロセスを調整し，衝突が起こった場合には調停する

②副代表（Assistant Team Chair）
- あらゆる面で代表を補佐する
- 代表が不在の場合は代わりを務める
- チームがいつ何を決定したかを記録する
- メンバーがもちだした現場のニーズに対して必要な理論的サポートを請け負う

③メディア担当（Media Coordinator）
- メディアの質問事項に対する唯一の対応役となる
- スタッフ・児童生徒・保護者に対する声明，報道発表（短いもの），学校に情報を求めてくるあらゆる人びとに読んでもらえる報告，などを準備する
- 学区におかれているメディア担当と連携する

④コミュニケーション担当（Commumcation Coordinator）
- 学校内の直接的なコミュニケーションをすべて把握しておく責任者である
- コミュニケーションに伴うリスクや障害の解決方法を確認する
- スタッフ間連絡担当をサポートする

⑤スタッフ間連絡担当（Staff Notification Coordinator）
- 電話連絡網を作成・調節し，使えるようにする
- 学校が活動している間の連絡のためのコミュニケーションプランを作成する
- 集団管理担当と協力して避難計画を作成する

⑥カウンセリング担当（Counseling Coordinator）
- カウンセリング・サービスのニーズの範囲と性質を決定する
- サポートルームで提供されるサービスを監督する
- カウンセリングスタッフのトレーニングとスーパービジョンを監督する
- サポートルームの利用者のための優先順位づけの手続を作成する

⑦集団管理担当（Crowd Management Coordinator）
- 生徒やスタッフの移動を監督する責任者である
- 危機対応の間，増加する交通量の調整を監督する

*（訳注）表２-１は原書にはないが，便宜を考えて訳者が作成した。

せん。チームは、生徒が登下校時に巻き込まれたり目撃したりするような事件など、起こりうる独特の状況を考慮して、それらの対応に役立つ計画を発展させる必要もあります。

集団管理に関するコーディネーターが選んだ監視員は、悩みの兆候を示している生徒についての情報を提供するでしょう（監視員らが選んだ領域を監視しながら、規則的な課題を遂行することができるかもしれません）。監視員は警備員の役割をするのではなく、会話に耳を傾けたり、生徒たちのグループ周辺を回るのがよいでしょう。積極的な介入や観察は生徒たちが監視されているように感じるため、自分の感情を仲間やスタッフとオープンに示さなくなります。したがって集団管理に関するコーディネーターは、警察官や警備員をこの役割に当てるべきではないのです。監視員は、教職員と報道関係者との接近を限定し、集団管理コーディネーターに任せます。

実行ガイドライン

この危機介入モデルの目的は、危機対応への組織的系統的、そして柔軟なアプローチを学校に提供することです。それぞれの学校ではガイドラインをそれぞれの不測事態に合うようにアレンジしなければなりません。しかしそういったアレンジが、危機介入へのチーム・アプローチの成功を危うくするほどに組織や構造を損なってはいけません。すなわち、校区危機対応チームの行なうすべてのアレンジが、このガイドラインの目的を失うものにならないようにするべきです。

通知

起こりうる危機事態に気づいたスタッフメンバーや地域メンバーは、チーム代表に直接連絡するか、あるいは彼が都合の悪い場合には学校危機対応チーム副代表に連絡すべきです。地方や区の警察と継続的な関係をもつことは、通知と調整のサービスのどちらのためにも非常に望ましいことです。チーム代表はすべてのスタッフに対して通知をするか、あるいは選ばれた学校危機対応チームメンバーとそのほかの学校スタッフに対してだけにするかを決定する権限をもちます。

スタッフ通知コーディネーターは、電話連絡網を通して通知します。電話通知の目的は、状況の簡単な要約を提供することと、チームおよびスタッフ・ミーティングの時間や場所を伝達することです。次の授業の日までに少なくとも簡単なスタッフ・ミーティングをもつことが望ましいでしょう。授業日に連絡の必要が生じた場合は、その日のうちに連絡するのがいちばんよいでしょう。チーム通知が必要となるような状況では、もし可能ならほかの緊急スタッフ・ミーティングに優先して、学校危機対応チーム緊急会議を開くべきでしょう。

(1) スタッフ・ミーティングの課題

緊急で必須のスタッフ・ミーティングでは、次のような課題があります。

・危機対応チームが、学校スタッフから情報を受け取るだけでなく、危機についてまたは学校と地域のこれまでの対応についてのあらゆる情報を共有できるようにします（たとえば、生徒らのこれまでの反応についてのフィードバックや、生徒らが危機に対してどのように対応するかについての情報）。
・生徒や親たちへの通知のために、通知の分配や計画の討論を考慮します。
・スタッフが質問したり意見を述べたりするようにします。

・学校危機対応チームのメンバーが援助や補助を学校の教職員に与えることができるようにします（たとえば、学校の教職員が危機に深く影響されてこの作業を補助なしには実行できない場合には、生徒らへの通知を手伝います）。
・学校教職員に危機介入モデルを思い出させます。
・危機介入の実行に関する適切な計画の概略（学校が支援ルームを使用しようとする場合など）と、手続きの調節（学校スケジュールの変更など）を見直します。

この緊急ミーティングの間、スタッフは、件のスタッフ・ミーティングをできるだけ早く、なるべくなら二十四時間以内に開くようにスケジュールを組むのがよいでしょう。ミーティングの目的は、スタッフにさらに情報を提供すること（危機の詳細についての明確化や噂の統制、葬式の出席計画など）や、緊急危機介入における修正作業や、おそらく最も決定的なのは、スタッフが提供する生徒らへの直接サービスを援助したり手伝ったりすることです。追加ミーティングは、危機に対して早すぎる解決や終結をしようとするものではありません。追加のスタッフおよび学校危機対応チーム・ミーティングは、チームと学校の危機対応を見直したり、どのサービスを継続する必要があるかを査定し、学校危機対応計画において構造的な更新がされるようにするために、より適切に時間をおいて(典型的には危機から二～六週間後)開かれるのがよいでしょう。

(2) 被災者や家族との連絡

危機対応チーム代表(またはその任命者)は、できるだけ早く被災者またはその家族と連絡をとって、援助や補助を提供するのがよいでしょう。この連絡をとる際にチーム代表は、被災者やその家族が、どのような情報を生徒やスタッフ、メディアと共有したがっているかについて確認すべきです。代表は情報を図示して検証分類し、家族に対する継続的支援を確立するのがよいでしょう。こうすることで、チームは正確な情報を保持することもできるのです(たとえば、葬式の計画など)。

(3) 生徒への通知

学校危機対応チームは危機に関する報告文を準備して、緊急スタッフ・ミーティングの際に、それを学校教職員に配布します。学級担任は、決まった時間、たとえばホームルームや一時間目にこの報告文を生徒に対して読み上げます。集団管理計画では、通知が読まれる前に全生徒が教室のなかにいることを保証するための特別の配慮がなされます。通知を読めないと思う教師のためには、危機チームがこの目的で彼らの援助をします（巻末の付録B「通知の手紙の見本」を参照）。

(4) 親への通知

チームは、情報を求める親たちに読ませる報告文をコミュニケーション・コーディネーターのために準備すべきです。さらに、コミュニケーション・コーディネーターは最終授業日に生徒らに配布するための付加情報を載せた文章を準備するのがよいでしょう。また、これらの文章の見本を前もって準備し、必要があればさまざまな言語に翻訳する工夫をすべきでしょう。

学校の日常業務と学級活動

できればどんなときにも、学校管理者は授業日に大きな変更をしないようにすべきでしょう。早期に授業を中止したり、生徒を休学させることは一般的にはお薦めできません。しかし、親が子どもを学校から離すことを主張する場合のように、保護者に生徒を引き渡すための適切な標準的手続きをスタッフがつくっておくべきでしょう。

教師は決められた授業をきちんと行なうべきですが、生徒たちの必要に応じ慎重に授業内容を変える必要（テストの延期、危機についての話し合いなど）があります。緊急スタッフ・ミーティングの際、危機対応チームは、この問題やそのほかの関連問題をどのように処理したらよいかについて教師に提案するのがよいでしょう。教師は決められた授業に出ることを続けられない生徒に対し、支援ルームを通じてカウンセリングや支援サービスを探してあげるのがよいでしょう。学校管理者は、関心のある生徒やスタッフが葬式や記念日の式典に出席することを認める計画を立てるのがよいでしょう。

教師が死亡する事件が起こった際、そのクラスの生徒を知っていて生徒に起こる急性の悲哀反応に対応できる教師は、亡くなった教師の学級を守る人として最適です。学校危機対応チームのメンバーはこの役割を補佐するのが適切です。副担任やよりなじみの少ない教師は、後になって任命されるかもしれません。

生徒が死亡する事件が起こった際、事務スタッフは、生徒や生徒の親たちに自動的に送られるであろうお決まりの郵便物を送らないようにするべきでしょう。

支援室

カウンセリング・サービスのコーディネーターは、必要があれば校区危機対応チームを通して追加スタッフを手配し、支援室に適切なスタッフとして資格のあるカウンセリング要員を確保する役割を担います。このように、学校基盤のカウンセリング・スタッフが生徒に直接サービスを提供できるようにして、校区危機対応チームのカウンセリング・サービスのコーディネーターが、カウンセリングを委託する生徒の優先順位を調整する重要な役割をとることがあるかもしれません。表２-２は、優先原則の要約です。

それぞれの学校では、生徒を支援室へ送ったり戻したりするためのガイドラインをつくる必要があります。男女一方の性に特定した支援室は、小学校の特定の学年向けに適切かもしれません。カウンセリング・サービスのコーディネーターは、生徒が親や保護者のところに返され、どの生徒が学校から家に送られるかを明確化するのを監督する必要があるのに対し、支援室で働くカウンセラーは、登校できるようになったすべての生徒を明確化する必要があります。支援室に送られた生徒は、学期の終わりまでに通常クラスに戻らな

表2-2　危機時の生徒のための事項決定の優先原則

緊急のメンタルヘルスが必要となる――つまり，緊急行動を要する――生徒は適切な地域資源へ直接紹介されるべきであり，紹介より先にアセスメントを受けたり，学校内でのカウンセリング・サービスを受けたりするべきではありません。カウンセリング・スタッフは，この目的での地域社会において，即座に提供される適切な緊急カウンセリング・サービスを知っておくことが必要です。しかしながら，自殺危機を阻止する目的で病院の救急室のような場所へ多数の生徒を送ることは適切な対応計画ではありません。

自殺の可能性があると査定されるような，緊急のメンタルヘルスを要する生徒を特定することはカウンセリング・スタッフの中心的任務です。スタッフは生徒の危機状況の性質（その生徒が危機の直接的な目撃者であったり，犠牲者の身近な友人であったりするなど）によって，あるいは報告された彼らの反応（大げさなあるいは異常な反応）によって，査定が必要であると判断することができます。

緊急のメンタルヘルス・サービスが必要でないと査定された生徒には，おそらく集団設定での限定的な介入が施されます。継続的に会い続けることのできるような支援グループをつくることは，支援室にとって有用です。

生徒を緊急のメンタルヘルスが必要か，限定的な介入が必要かの二つのグループのうちの一つに割り当て，短期的で明確な目標設定をするのがよいでしょう。カウンセリング・スタッフは，もっと長期の評価とサービスを後々まで（たとえば次の授業日まで）続けるのがよいでしょう。

くてはなりません。クラスに戻らない生徒がいる場合、学校は、別の生徒らと一緒に送られたメモなど、学級担任に通知をするシステムをつくるのがよいでしょう。危機対応チームはそれぞれ、支援室を訪れる生徒の親と連絡を取るためのガイドラインを明確に描くべきでしょう。

追悼

危機対応チームは、生徒や職員が死亡した場合、生徒やスタッフが適切な時期に故人を追悼できるようにするための学校あるいは亡くなった子どものクラスなどによる公式な対応を計画すべきでしょう。追悼は形式的な式典や集会を意味するものではありません。ほかに、木を植えたり記念奨学金を創設するような活動も含まれるでしょう。

追悼のタイミングについては、注意深く考慮することが必要です。危機対応チームは、喪の過程においてあまりに早期に追悼を計画する傾向を食い止めなければなりません。学校は、死の後すぐに形式的な追悼を開始することで、危機を終結させようとすることがよくあります。このような早まった行動は、悲哀反応を抑制することになるでしょう。

直後の問題として、遺族への哀悼をクラスでどのように伝えるべきか、また生徒の机をどうすべきかということがあるでしょう。各学級がそれぞれのやり方で生徒の机を扱います。あるクラスでは、亡くなった生徒の読書好きだったことを思い出し、その子の机を教室の後ろに置いて、その上に図書館の本を並べ、静かに読書する場所としました。別のクラスでは、生徒らの机にあったものを全部取り除き、管理スタッフに一晩で机を掃除させて並べ替えさせ、亡くなった生徒の机は学級のなかに名前を伏せて残されることになりました。また、死後数カ月たってから、木を植えたり、記念奨学金を創設するなど他の活動を計画することができます。

私たちは、生徒あるいは教職員の死後、何らかの追悼を行なうことを薦めますが、パーティを開いたり、恒久的な記念品を校内に飾ったり、学校の卒業アルバムの一部で弔ったりするような活動は、よい意図でなされていても薦めません。自殺の場合、スタッフは故人について過度の賞賛を送ることを注意深く避けるべきです（後述の自殺についての項を参照）。なお、教職員や生徒は、追悼計画に積極的に参加するのがよいでしょう。

経過観察

危機対応チームは、生徒が危機に反応し続けることを知っておかねばなりません。困っている生徒のための、継続的で長期的なサービスの計画がないような短期の限られた時間での介入は適切ではありません。フォローアップは危機介入プログラムの最も主要な要素の一つであり、実際的に学校基盤危機対応モデルに適合しています。

地域の資源のなかには長期的なカウンセリングを提供するところもあるかもしれませんが、学校危機対応チームでは、経過をみて個々の生徒に長期サービスの派遣をしたり、危機の数カ月後にサービスの必要性を示した生徒に気をつけなくてはなりません。学校基盤の危機対応チームは、生徒らにふさわしい継続的な支援サービスの一形態です。一般に危機対応チームによるフォローアップ会議では、先にも述べたように、これら関連事項のいくつかについて取り組むことができます。

学校の危機対応を評価し危機計画の修正を検討する定期的な学校危機対応チームミーティングに加えて、メンバーたち自身がそれぞれの危機対応や対応努力を進められるような報告会をチームが開くべきです。校区危機対応チームがそのような報告会を指導してもよいでしょう。校区全体やいくつかの校区で危機が生じた場合（たとえば、戦争や環境危機への対応など）、地域資源グループにこの役割を任せられるかもしれません。そのようなミーティングは、チームメンバーの課題について取り組むだけでなく、学校と校区レベルでチームメンバー同士のコミュニケーションを促進し、危機対応チームメンバーや危機のための計画は、これらのミーティングによって恩恵を受けることができるでしょう。

自殺に関する特別な問題

自殺が生じた場合の学校基盤危機介入の原則は、模倣自殺や自殺企図を防止するという明確な目標に加えて、孤立感や不当な罪の意識および誰かに責任をなすりつけるなどの不適切な反応に対処する一般的モデルに従います。ここでは、学校社会で生じたり影響を与えたりする自殺企図、自殺完遂者、そして自殺未遂者の対処のモデルの構成要素について、その概略を述べます。

一般的に考慮すべきこと

模倣自殺行動を引き起こす原因はまだよくわかっていませんが、自殺者が美化されたり、自殺がロマンチックに描かれたり扇情的に報道されることは重要な原因となっているようです。自殺や自殺企図に対する学校全体での対応では、自殺者に対する同情を伝えたり、時宜を得て適切な情報を発信したりして、これらの要素をできるだけ少なくするべきでしょう。

メディアの役割

危機対応チームは、地方紙や電子メディアと協同して、前もって自殺者が出た場合の報告に関する概略をつくっておくのがよいでしょう。このなかでは、表紙と見出しの扱いや、故人の写真、あるいは友人や関係者に対する感情的なインタビューなど、扇情的な報告を回避するように取り組むべきです。また、自殺のメカニズムや場所についての詳しすぎる記事を除外したり、リポーターが生徒やスタッフを学校でとりまくのを阻止します。危機対応チームは、校区や地域のレベルで担当編集者や編集長と共同して事前計画をつくっておくのが最もよいかもしれません。新聞記事や報道が、自殺への対処方法や自殺予防のための開かれたコミュニケーションの重要性、そして資源の入手可能性などを確認しておくのも望ましいことです。

正確な情報の取得

危機対応チームに任命されたメンバーは、正確な情報を得るために警察やその他の専門家と連絡をとらなくてはなりません。彼らは家族と連絡をとって、お悔やみや支援を提供したり、葬式や訪問の調整などを含め、家族が知りたいと思うあらゆる情報を取得するのがよいでしょう。危機対応チームと学校教職員は、適切に警察や医療そしてメンタルヘルス組織と連絡をとりながら、自殺や自殺企図の二次的問題を監視し続けるのがよいでしょう。

計画の改善

必要とされる介入の範囲は変化するので、状況や場面に応じて適切なものであるべきです。たとえば、致死率の低い自殺企図では、生徒の家族や直後の友人集団そして教師だけを扱うのが正しいとされるかもしれません。反対に、生徒や教職員の自殺では、大抵より広い範囲の対応が正しいと認められます。また、連続する自殺や深刻な自殺企図では学校規模での介入が必要です。

情報を広めること

お知らせは、スタッフの教育の案内や生徒への通知を含めて、時々、生徒のフォローアップについて議論をしながら、一般のガイドラインに従って行なうべきでしょう。学校教職員は、①さらにカウンセリングを受けたいという生徒のための校内あるいは地域のカウンセリングや支援資源（支援室や自殺ホットラインなど）の利用法と場所に関する情報と、②これらの資源の利用のすすめをお知らせとともに送るのがよいでしょう。

事件の発見と優先事項

学校全体での自殺予防計画の一部として、危機対応チームは潜在的な自殺の危険因子や兆候に対して教職員や親たちが敏感になるようにすべきでしょう。自殺が起こったとき、チームは教職員に、特に、死者と親しかった生徒あるいは自分自身を犠牲者と同一視しやすい生徒らについて、ひどい動揺の兆候やサインを監視するよう警告しなければなりません。教職員は特定の生徒や生徒集団についての心配事をカウンセリング・サービスのコーディネーターに報告すべきです。

援助の正当性

学校教職員は、生徒が援助を必要とすることや援助を求めることを正当化し、恥ずかしいことではないと知らせる努力をすべきです。スタッフは近い友人やその他の危険度が高い生徒と連絡をとり、それを学校の通常業務の一部としておくのがよいでしょう。

スケープゴートやロマンチックな描写への対処

教職員は、ロマンチックな自殺の描写や犠牲者及びその他の人をスケープゴート（生け贄の羊）にするようなことに気をつけるべきです。自殺が不利な状況に対処する英雄的なあるいはカッコいい方法として描写されるのを阻止することが重要です。また、教職員は周囲の人びとが家族や恋人、教師、学校管理者などを責任や罪を課されたスケープゴートにしようとすることを阻止しなくてはいけません。それに刺激されて自殺が起こることがよくあります。犠牲者を中傷したり、仲間同士の議論に参加したりせず、教職員は、自殺をより適切な選択肢を考慮しない不適切な対応（一時的な問題に対する永久的な解決）として描写すべきなのです。

記念碑

危機対応チームは、自殺の犠牲者の記念碑をつくったり奉納する計画を少なくとも数週間は先に延ばすのがよいでしょう。何が適切な記念碑になるかについて慎重に検討することも必要です。犠牲者を思い出したい気持ちを尊重するのは重要ですが、記念碑によって自殺が名声や評価を得たり、悪名を背負う手段であるという概念を強めてはいけません。

後追い自殺を防ぐための環境調整

複数の自殺や自殺企図が橋、給水塔、駐車場、展望台など特定の公共場面で生じた場合、危機対応チームや警察はその場所を監視し、公共交通を制限するべきでしょう。

第3章　危機対応チームの設立

危機対応チームを設立することはかなり単純な過程であり、表3-1に示されるような論理的に連続する段階に従っています。第一の作業はどのレベルで構成を始めるかを判断することです。学校が大規模な場合は、学校基盤の危機チームよりも地域のあるいは校区のチームを設立することから始めるほうがいいでしょう。学校のチームが自ら構成して訓練を受けるのに対し、地域あるいは校区のチームでは、危機にあるそれぞれの学校を補佐することができるでしょう。地域あるいは校区のチームでは、大規模な危機が生じた場合に学校間でまたは地域社会を通じて、調整努力について特別な役割を提供することもできます。小規模な地方や孤立した地域社会では、地域や校区チームがまったく同一のものであるのが最も有効かもしれません。

表3-1　危機対応チームシステム導入における段階

A　地域や校区チームの設立

1．調整や相談の機関として提供されるような，地域による危機予防や対応チームを設立する。
2．校区チームを召集して，校区の政策や選択に従って危機対応や手続きをつくったり，これらの手続きの導入に見通しをつける。
3．校区や地域社会のニーズに合った標準的な危機対応モデルをつくる（すなわち，第2章のモデルを必要に応じて適用する)。
4．危機対応や関連問題について校区チームのメンバーを訓練する。

B　学校危機対応チームと学校危機計画をつくる

1．各学校の危機対応チームメンバーを確認する。
2．危機対応や関連問題について学校危機対応チームのメンバーを訓練する。
3．学校危機対応チームを召集して，校区の手続きや責任を割り当てる。
4．学校危機対応チームにそれぞれの学校のための計画書をつくらせる（ガイドラインとして付録Dを参照)。
5．学校危機対応チームに危機情報のファイルと危機用具一式を集めさせる（付録CとDを参照)。

C．調整と支援を保証するために，学校レベルで情報を広める

1．短期間の学校教職員全体での危機対応手続きと学校計画。
2．親や地域サービス提供者にチームの存在，機能およびメンバーについて知らせる。
3．学校教職員全員に危機対応と関連問題について訓練を施す。

D　継続的，発展的予防のための整備

1．定期的に手続きを見直し，必要があれば更新する。
2．さまざまな危機時に生徒や親や教職員を援助するために各学校における人材の確保をする。
3．学校危機対応チームに定期的な訓練を施して，準備を確認したりチーム設立を運営したり，結束を維持したり，技能を高めたり，新しいチームメンバーを統合したりする。
4．各学校において，できれば年間の行事として危機演習をする。
5．学校危機対応チームのために定期的にトレーニングを行なう(たとえば，地域の防衛組織による災害対応訓練など)。

支援サービスとの連携

危機対応チームは、地域社会から孤立して機能することはできません。危機対応チームの体制づくりや訓練などを補助するために、関連の組織団体と連携することが必要です。これに見込まれる参加者として、保健所、メンタルヘルス援助者、社会的サービス機関（青年サービス事務局や地域調整委員会などを含む）、警察、メディア代表者、親グループ、そして聖職者などがいます。

危機発生時の支援を提供するために、校区や学校に特定機関から常駐の人材を配備をする場合には、その機関の代表者が危機対応チームに参加するべきでしょう。また、危機対応チームシステムを設立する過程において、地域から派遣された支援サービスと常駐の人材による危機対応チームとの違いを確認することができるでしょう。違いを確認することで、これらの差を埋めるための計画をつくり出すのがよいでしょう。

チームメンバーの資格

学校長はつねに学校危機対応チームのメンバーであるべきで、典型的には代表か副代表として従事するのがよいでしょう。そのほかに見込まれるメンバーは、第2章の学校危機対応チームについての冒頭の記述（一八頁〜）のなかで挙げています。

心理士やソーシャルワーカーなど各学校を巡回する支援スタッフは、学校に常勤のスタッフとして務めていなくとも、学校危機対応チームのなかで活動的なメンバーとなるのがよいでしょう。彼らは支援プロセスを計画したり、学校の安全性を高めたり、生徒が困難状況や危機に取り組むのを援助するためにどのような修正をするのがよいかについて、役立つ考えを提供したり、価値ある貢献をするでしょう。

価値あるチームのメンバーを多く集めることにより、よく機能し凝集力のあるチームが形成できます。一人か二人のメンバーの不在でチーム全体が役に立たなくなることがないように、十分なメンバーを揃えておくことは重要です。特に、すべての重要な任務には機能しうるメンバーを予備的に置いておくのがよいでしょう。しかし、チームが大きくなりすぎると、チームの進行が難しくなったり、メンバーの役割分担が希薄になる心配があります。大きなチームになると集団の統制は難しく、非能率的になったりメンバーの参加意識が減少することになります。ピッチャーとポーランド（Pitcher & Poland, 1992）は、八人という上限を推薦しており、大きな学校であればこれを超えてもいいとしています。メンバーが少なすぎると、対応範囲が狭まり、重要な観点を示し損なうという危険があります。

学校の他のチームとの関係

学校危機対応チームのメンバーは学生補佐チーム、生徒学習チーム、メンタルヘルス・チームなどの学校にある他のチームと重なり合うところがありますが、機能とその役割は他チームと異なっているでしょう。危機対応は、それ以外の目的で存在するチームの付加的な任務であってはならないのです。

同様に、危機対応チームの任務は危機予防とその対応にはっきりと限定されるのがよいでしょう。危機対応チームは、学問的、あるいは特別な教育任務に関連する機能を提供しないでしょうし、特定の危機に関連すること以外の個人的なメンタルヘルスの問題を追究することもないでしょう。危機対応チームは既存の支援サービスを参照したり、調整したりして、サービスの重複を避けます。究極の緊急事態を統制するという特有の限定された任務に沿っている限り、危機対応チームは、他の準教育的なプログラムやサービスと比べられて、邪魔にされることはほとんどないでしょう。

スタッフの訓練

経験から明らかなように、危機対応チームは十分な訓練なしにその目的を果たすことはできません。チーム全体に対する全日がかりの最小限の訓練は必要不可欠ですし、半日あるいはそれ以上の追加訓練も薦めます。私たちの経験から、十二～十五時間の訓練が理想的です。

十分な訓練では、内容と過程の両方に焦点を当てなくてはなりません。推薦される訓練の内容は、以下の通りです。

・危機理論の概要と学校状況におけるその意味
・喪失と悲哀の概念
・死や喪失に対する生徒らの反応についての発達的な問題
・特定の危機に対する対応（自殺、殺人事件、学校や地域社会に関連するその他の危機）

チームの育成に取り組むための訓練に含まれるものは、以下の通りです。

・チーム形成の課題、特に、危機対応に関連する個人の強度や感受性についての自己分析を促進するようなもの
・メンバーがモデルを適用したり、あてがわれた任務を実行したり、無能なチームメンバーに異議を申し立てる模擬課題
・最近、危機対応をしてきた学校教員と、さらに地域資源から選ばれた人物との質疑応答の時間

訓練の鍵となる部分は、模擬危機事件を通してチームの訓練をすることです。そのためのストーリーを付録Eに載せています。それぞれの状況では、危機発生のタイミングや性質に関するいくつかの新しい問題点が挙げられ、正解が明確ではない問題が生じます。チームは、「もし～だったらどうするか」について検討し、確実性のないところで決断する練習をするのです。

難題と戦略

学校危機時の支援と危機対応チームをつくることは、地域社会や学校から一様に要望されますが、学校危機対応の構造を改良したいと願う学校管理者は、以下のような難題に遭遇します。

- 危機対応チームを訓練し、校区計画や手続きを開発するのための十分な時間や資源の保証
- それぞれの学校がチームを形成し、校区計画をそれぞれのニーズに合わせて適用

し、さまざまな危機の間で準備態勢を維持することの保証

・危機発生時に、子どもそしてスタッフの情緒的、心理社会的ニーズに取り組むことが重要であると、学校管理者に認識されること

・危機時の判断や危機に関連する任務をチームと分かち合うように学校管理者に奨励すること

・学校システムが危機対応プランや訓練、そしてサービスを優先度の高いものとして保持するよう納得させること（チームがいったんうまく機能すると、支援してくれた人材を引っ込めてしまう傾向があります）

成功を保証する万能薬はありませんが、次のような戦略は、チームが危機準備と対応についての目標を達成する可能性を最大限にしてくれるでしょう。

校区の支援

危機介入計画を実行する人びとが、校長やそのほか校区レベルの上級管理者、そして教

育委員会に、その重要性を納得させることがまず最初に重要です。さらに、学校管理者や教育委員会のメンバーが、チームを準備するのに必要な訓練機関やメンバーの訓練に何が含まれるのかを理解する必要があります。

支援の形成

支援形成の管理者に必要なのは、学校基盤危機対応チームをもつことの理論的根拠に関する正しい理解です。彼らはチームに対する個人的な関わり方を通して、また訓練の必要度や定期的な自己観察を適切に養うことによって、自分たちの献身度合を示さなくてはなりません。

校区全体の管理者による支援を保証するには、危機準備の重要性を学校管理者に納得させたり、チームに期待されていることを明確に示したり、学校の努力を定期的に観察したりするような検証を含めたアプローチが必要かもしれません。私たちが薦めるのは、学校危機計画を毎年観察して、学校危機対応チームによる継続的な準備態勢を保証できるようにすることです。

訓練

質の高い訓練が、ほとんどの問題発生の対策として最も効果的です。チームメンバーが動機づけや自信をもっていること、手続きを完了して必要とされる技術を習得していること、そしてチーム内でのコミュニケーションが確立されていることが必要です。さらに、学校教職員が心的外傷やその他の心理社会的なストレッサーの影響に敏感になる機会を提供します。

訓練を指導する人は効果的な訓練をするために、情報過多に陥りがちな単発のアプローチよりも、できれば複合的な訓練課題あるいはコーチに従う訓練に、十分な時間を割り当てなくてはなりません。訓練者は、危機が発生してチームが担う任務の重要性についての見込みを強く主張することによって、危機対応について学ぶ参加者の動機づけを高めることができます。訓練計画には、その後も何年か続けて新しいスタッフを訓練したり、それまでに訓練を受けた人たちを振り返らせるための表現を入れるのがよいでしょう。

演習

よく考えられた訓練計画では、実際の危機の切迫状況で危機計画が正確に実行されない可能性について取り組みます。重要なことは、学習の基本原則を適用することです。つまり、実際生活の応用例にかなり近づけた状況のもとで最もよい準備が生じるということです。危機介入における問題を読んだり議論したりすることは確かに価値がありますが、模擬演習を通して話し合うことや、さらにいいのは、危機演習の形でリハーサルをすることで、心構えが大幅に改良されるのです。これらのあらゆる技術を組み合わせた訓練を続けることで、理想に近づきます。

以上の点に障害があると、自分たちでより適切な準備を選ぶ学校もあります。すべての学校で同じように高いレベルの準備がされることが目標ですが、高いレベルの準備には予算が必要です。最適な、しかし、いくつかの学校にとっては非現実的で、過大に思える標準をつくり上げることは逆効果かもしれません。とはいうものの、現実的に最小限の標準を設定することもできないかもしれません。

一つのアプローチとしては、学校危機対応チームをつくり上げる長期の過程をいくつかの段階に分けることです。表３-１（四四頁）に示されるような段階はこの目的に役立つかもしれません。毎年、校区の危機対応チームはそれぞれの学校の最小限の危機対応への準備を少しずつ高いレベルに引き上げることができます。さらに、発展してゆく危機対応チームは、他の学校チームがもっとゆっくりと進行し、最小限の危機対応への準備に執着しているのに対し、全面的に危機対応への準備を促進することができます。危機対応への準備を発展させるこのようなシステムは、学校教職員が計画や手続きに立ち戻って、訓練や人材について継続的な関心をもたずにいられないようにさせます。

学校危機対応チームがいったんつくり上げられたら、推奨される実習は、チームメンバーが自分の役割をリハーサルできるような演習をすることです。危機演習は、学校の危機計画と対応努力の適切性を評価する機会となるだけでなく、絶えず付きまとう危機の可能性についての警鐘となります。演習はまた、混乱や疑惑やパニックが生じる可能性を減らし、危機が起こったときに期待されることや対応のしかたを教職員に知らせます。

トップ・ダウン方式による危機時のアプローチは欠点が明らかであり、危機演習は効果的な危機過程の重要性を強調するものとなります。また、共同的な危機対応チームの準備の間に生じる構造的なチーム力動とチームメンバー相互の信頼感は、実際の危機まで継続されやすいのです。

しかし、たとえ学校危機対応チームがよく準備されていたとしても、校区危機対応チームは、危機の際に限られた経験しかもたない学校危機対応チームを補佐するために、経験ある校区危機対応チームのメンバーを派遣するような実習をするのがよいかもしれません。この実習は、独立した強力な学校危機対応チームを非常に信頼しているモデルとは矛盾するかもしれませんが、危機の影響のなかで学校の教職員から得られるフィードバックを受けながら、有名で信頼されているオブザーバーや専門家が控えめに存在することが、学校危機対応チームがうまく機能しているときでも、チームには多大な励ましとなります。

第4章　危機への対応

学校の教職員が危機に対応する場合、一般に三つの難題が発生します。それは、危機対応計画の始動、チームの調整と情報の共有、およびメディアへの対応です。

危機対応計画の始動

学校基盤の危機対応における最も一般的な失敗は、管理者が状況の深刻さを過小評価したり否定した場合に生じるもので、そもそも危機対応計画を始動できないことです。この理由から、危機状況や危機と思われるその他の状況が発生したときは、校区危機対応チームの代表または副代表と自動的に連絡することを学校の危機計画に入れたほうがよいかもしれません。この連絡により、状況の深刻さの査定にチェックを入れられます。この段階においては、管理者がつねにこの手続きに従うことを保証するために、校区危機対応チームからの的を絞った助言が必要になるでしょう。

チームの調整と情報の共有

チームの調整と情報の共有は、効果的な危機管理において重要な要素です。この過程の第一段階では、親や警察や医療関係者からできるだけ多くの事実情報を得ます。危機対応チームは学校教職員に豊富な知識をもって話すために、また噂を抑えるために、そして特定の状況で学校が必要とする対応努力や支援サービスのタイプを判断するために、これらの情報を用います。たとえば、自殺の場合、交通事故とは異なる対応が必要になります。

よく訓練された危機対応チームは、支援機能の協力を促進できます。前もって割り当てられた役割により、危機対応チームのメンバーは、学校の危機計画や校区の手続きを守りながらも学校のニーズに最も合った方法で機能することができます。

危機対応チームのメンバーは、お互いに、また学校管理者や事務管理者とつねにコミュニケーションをとるべきです。さらに、学校危機対応チームは学校教職員全体が事件と支援活動そして事後努力について概要をつかんでいることを確認する必要があります。スタッフ・ミーティングをまず最初に可能な機会に設定することで、学校の教職員は、適切な情報を得て、質問をし、援助を求め、支援されていると感じることができます。

学校の事務スタッフが、親やメディアやその他の地域社会メンバーからの質問に答える準備をすることが、特に重要です。特定の状況では、メディア・コーディネーターが学校の事務スタッフに、電話相談に応じるための定型書式を与えるようにするかもしれません。

保護者たちも、危機への対処あるいは子どもたちの対処の援助について助言を求めるかもしれません。理想的には、学校危機計画に、保護者連絡会を設定するなどして親たちの心配を扱う方法を入れておくのがよいでしょう。

危機対応の調整と情報の共有においては考慮すべき事柄が非常に多いので、時宜を得た論理的な順序での取り組みを確実にするのは難しい作業です。校区の標準的手続きとして役立つ危機対応手続きのチェックリストは非常に価値のあるものとなります。

メディアへの対応

通信伝達手段の進歩により、地域の事件に関する情報伝達のあり方が変化しました。ニュースメディアはニュースを報道し続けるためにこれらの手段を用います。警察が学童期の子どもに絡んだ状況に対応した場合、メディアは、警察が学校教職員にすべてを知らせるより前にそれを報道するだけでなく、学校危機対応チームがその対応を計画するより早く学校の玄関に現われるかもしれません。

メディア統制には進歩した計画が必要不可欠です。学校教職員は、メディアに敬意を払いながら自分たちの学校の方針を意識しておくべきです。誰かがメディアに学校の情報を漏らしてしまうことを危機対応チームが防ぐことはできませんが、学校の方針によって記者たちをこちらが招くまでは立ち入り禁止にすることもしばしばあります。このように危機対応チームは、メディア・コーディネーターに情報の統制をまかせます。校区によっては、教育委員会の役割になっているところもあります。

メディア・コーディネーターの役割は、記者に対する発表の下書きをしたり、学校教職

表4-1　報道に対するガイドライン

報道陣の取材を優先事項リストの上位におき，報道を危機対応に有用なものとして考えることが重要。次の提案は，危機をとりまく報道記事の教育的価値を増し，不適切な報道から生まれる情緒的打撃の可能性を最小限にすることに役立つ。

1．危機事件が起こる前に，メディアとの連携についての方針と判断を設定する。
2．危機の間，あらゆるメディアの質問をメディア担当の報道係に集中させる。こうすることで，混乱を防ぎ，メディアに与えられる情報をつねに確認する。
3．授業時間中はいかなるメディア関係者も学校内に入ってはならないことを強調し，こちらから情報を提供する場合には，メディア関係者に時間と場所を用意する。
4．読者や視聴者に理解できるような明確で簡単な，専門用語でない言葉を使う。
5．防衛的になるのを避け，インタビュアーを敵として扱ってはならない。報道の役割の難しさを認め，有用な立場を利用する。質問に対する答えがわからない場合は，後で返事するか，インタビュアーに他の者と連絡を取らせる。
6．インタビュアーが目撃者，容疑者，生存者との接触を要求した場合には警告する。まず優先すべきことは，生徒や教職員を守ることであり，危機状況による外傷的影響を最小限にすることである。
7．録音やインタビューが行なわれる前に，特に自殺や武器関係での死の場合には，事件の具体的な詳細を論じることが適切でないということをはっきりさせる。感情的になることを避ける。一般的な情報がより価値がある。
8．あなたの危機対応チーム，スタッフメンバー，そして危機対応に役立つ地域社会メンバーの役割と活動を伝える。
9．質問を前もって教えてもらったり，校正刷を編集したりすることを主張してはいけない。メディアは目的やテーマや自分の報道の時間枠にあったものを使おうとする。インタビューを受ける場合にはある程度の信頼関係が必要で，もし不信感を持つ場合には他の人に任せたほうがよい。

American Association of Suicidology から提供された『メディアインタビューのためのガイドライン』にもとづく。

員がメディアに話をするのに適切な時期を判断したり、またメディアに情報を知らせるようにすることです。メディアと敵対的な関係になるべきではありません。地域メディアとよい関係であることが、間違った情報を修正したり、学校や地域社会における危機対応チームの対応努力を大衆に知らせたりすることに大いに役立ちます。表4-1はメディアの効果的な扱いのためのガイドラインとなります。

誘拐、校内での死、あるいは人質事件のような異常事態では、メディアが校内にまで入ってきて生徒や職員のインタビューや映像を得ようとすることがあるかもしれません。学校教職員が学校の権利として、記者を校内から出して、必要ならば学校に近づけないことを確実にするために、メディア・コーディネーターと保安要員とのコミュニケーションが重要です。

第5章　医療的支援の提供

学校基盤の危機介入を発展させることの根本的な理由は、危機期間が子どもの生活における重要な時期であるという揺るぎない根拠にもとづいています。子どもでも大人でも外傷的事件を体験した者は、典型的なショック状態に陥ったり、それまでの処理メカニズムではしばしば適切でないとわかるような激しい動揺や情緒的混乱が継続的に生じたりします（Halprin, 1973；Rapoport, 1965）。

学校の内外で起こる心的外傷的事件は、生徒たちに短期間の危機反応を引き起こす可能性があります。これらの反応は、情緒、行動、人間関係、そして学業困難にも及びます。学校教職員が心的外傷に取り組まないと、子どもの集中力の中断が、後になって長期に学業に悪影響を及ぼします。解消されない悲哀反応もまた、より深刻な心理学的な困難につながります。このような解消されない悲哀が放置されるとそれが学校中に広まり、モラールの低下や学校犯罪につながる可能性もあります。

危機状況は確かに心理学的な脅威を引き起こしますが、必ずしもそれが悪い結果になるとは限りません。支援や情報、そして実際的な援助があれば、心的外傷を受けた子どもは新しい洞察や処理技能、人間関係、自信を獲得できるのです。教室や学校での効果的な介入では、このような獲得を促進します（Klingman, 1988）。心的外傷的事件を処理する大人の能力は、子どもの回復可能性における鍵となります（Lyons, 1987）。生徒に悲劇的状況を乗りこえる力を発揮させるのは、熟練した学校教職員の能力なのです。『学校危機生還ガイド』（Petersen & Straub, 1992）は、治療的活動、カウンセリング指針、そして学校危機に関する要素についての情報源の一つです。

学校内で生徒となじみのある学校教職員は、生徒の典型的な処理メカニズムと適応機能（すなわち、彼らが過去のほかの困難状況をどのように処理したか）や、彼らの発達レベル、そして危機事件に対する彼らの概念的理解にもとづいて、特定の危機事件に対する生徒の反応を想定することができます。危機において死者が出た場合、生徒たちとともに活動する教職員は、その生徒が死について概念的理解をしているか、またさまざまな発達段階の生徒が他者の死に対してどのように対応するかを正しく評価する必要があります

（Schonfeld, 1993；Shonfeld & Kappelman, 1992）。

生徒に対する支援と介入

危機の際に、子どもたちは、体験を乗りこえる技能を身につけるための具体的な情報や支援が必要です（Schonfeld, 1989）。最も広く適応できる支援サービスは、危機を最小限の困難だけにとどめて処理できる生徒、心理学的な傷を現わす生徒、そして適応的な処理メカニズムを動員できる生徒など、どのレベルの生徒にも対して向けられるものであり、大規模に保証されるものもあれば、学校規模でのみ提供されることもあります。小規模なあるいは個別的な介入は、学校資源、具体的な危機状況から生まれた全体的要求、そして個人のニーズの程度によって決められた限界内で提供できるものです。強い外傷を受けたり、危険な状態にある生徒のための最も強力で特別な介入では、一般的には地域の医療機関に委託することが必要です。

選ばれた具体的な選択肢は、危機の性質や全体的な危機対応システムの資源にもとづいています。しかし本質的なことは、広域的なものから特殊なものまで選択肢のすべてを確

表5-1　生徒のニーズを決めるための手続き

1. 危機的な事件を知らない生徒には，犠牲者との関係のゆえに学校での話し合いを通して，個人的に準備をする必要がある。
   準備をすることが有益な生徒としては，犠牲者の親友，チームメイトなどの特殊な関係者や親戚などである。
2. 犠牲になった生徒を以前から知っていた学級担任は，クラスでの話し合いを指導するに最も適している。
3. もし，クラスでの話し合いが，生徒が事件に対する情動的な反応を調節するのに十分ではないことが判明すれば，支援室のサービスが有用となる。
4. 支援室に生徒が来たときに，カウンセラーは手短に生徒が錯乱，不安，うつなどの重篤な状態でないことを判断すべきである。重篤な情動障害がある生徒には，地域のメンタルヘルスセンターや開業医を紹介したほうがよいだろう。学校の教職員は，生徒の親と会い，このようなサービス機関につきそう必要がある。
5. カウンセラーは，支援室のサービスを受けるのが適当と考えられる生徒が非構造的な面接を受けることを許可する。校長は最も介入が必要でない生徒に対応する。
6. 日常的で，非構造的な会話が生徒のニーズに合っていない場合には，カウンセラーは構造的で，目標の設定された面接を行なうグループ療法を想定しなければならない。
   これらのグループは，生徒の自由な出入りが保障されていなければならない。
7. 危機の初日に支援室に来て，ひきつづき支援が必要と判定された生徒は，継続的な支援グループに入ることがすすめられる。
8. 普段の生徒の調子からは考えられないようなレベルのニーズがある生徒は，学校支援スタッフから個別に注意が注がれるべきである。カウンセラーは，これらの生徒のニーズが学校内の人的資源で対応できるかを注意深く経過を観察する。
9. 危機の間中，学校の教職員は保護者に子どもたちが危機のために例外的な反応を起こすことを説明する。

本表は，暴力にさらされた児童のための国立センター（National Center for Children Expose to Violence）の学校危機対応チームの技術援助コーディネーターであるスコット・ニューガス氏によって提供されている。

認することです。広域的な支援サービスは、希少で高価な特殊なサービスへの依存度を減少させます。たとえば、そうして優先順位をつけることを促して、異常な反応や追加的ニーズを示す個人を確認する機会を提供したりもします。

一般的に支援的で治療的な選択肢としては、学級での討議や識別された生徒への短期介入、不安定な状態の生徒のための学校基盤グループ、地域医療機関への委託などがあります。表５-１は生徒サービスのニーズを判断し、学校状況においての医療的判断を明確にするための手続きが示されています。

学級での話し合い

学級での話し合いは生徒の処理能力に肯定的で広範囲な影響を与えることができます。最も簡単に導入され、しばしば最も効果的なアプローチは、教師が通常の授業のなかで生徒と話し合いをすることです。話し合いの性質と目標は、生徒の発達段階と外傷体験の独特な特徴、そして生徒の緊急な要求にある程度もとづいています。教師はたいてい、ほんの少しの支持と支援、そして最初の危機ミーティングで学校危機対応チームから職員全員に向けて提供された情報によって、そのような話し合いを導くことができることがわかります。学校危機チームメンバーは、このような学級での話し合いを導くことができない、またはそれをしたがらない教師を援助するための調整をすることもあります。

学級での話し合いは、できるだけ自然に進行しながら、生徒が生徒全員の関心や情緒的ニーズを確認することができるようにしながら、生徒たちの主導で行なわれるのがよいでしょう。教師は、生徒の恐怖や不安、怒りやフラストレーション、悲しみなど危機への反応兆候が続く間は、話し合いを継続できるようにするのがよいでしょう。教師は、熱心で生産的な議論が閉会に向くと解放感を感じるかもしれませんが、議論の終わりとは必ずしも目先の用件が尽きることではありません。それはむしろ、回復までにまだ時間がかかる兆候かもしれません。教師は学級が後になってそのテーマに戻る必要があることを見出すかもしれないのです。

教師がこのような状況で分かち合う情報は噂を取り去ったり、間違った情報を修正したり、そして特に幼い子どもに関して間違った概念による恐怖感を払拭することに役立ちます。教師は情報を明確に直接的に、しかし、不必要な装飾や極端な詳細をつけずに表現するべきです。教師は質問のための時間を十分にとり、生徒たちの質問を促し（強制してはなりませんが)、それに正直に答えるべきです。

生徒が自分たちの感情を直接話したがらないかもしれないので、教師はグループで話し合いを補うために、別の形で活動することもあります。たとえば、描画(特に幼い生徒のために)、作文(特に年長の生徒の場合)、あるいはその他の計画的技法を用いることで、生徒が自分たちの感情や関心を間接的また個人的に表現する手段を提供することができます。外傷が直後に起こったものの、あるいは激しいものになっていない場合は、教師は、関連する事件や喪失について論じるために本やビデオのなかの人物や場面を用いることができます。体験の類似性によって、疑似体験や肯定的な処理の例が提供されるかもしれません。

学級での話し合いは、悲哀体験やストレス反応を正常に戻したり、生徒が学校や家庭そして地域社会での援助を見出すことに、特に役立ちます。個人的な体験や感情を分かち合うことは生徒にとって有用なことですが、特に低学年では個人的な打ち明け話にも注意して、それが学級場面で適切にしっかりと秘密が守られるような限定された素材であるようにするべきです。

教師とその他の学校職員は、学級での話し合いは集団療法ではないことを心に留めておくべきです。話し合いが生徒に与える影響はフォローアップする必要があります。生徒たちの話し合いが集団にとって有用なレベルを超えたように思えたら、教師は話し合いの焦点を、生徒の体験や適応的な処理技術（例：喪失体験に対処する際に有益になるかもしれない、いままでに人びとが行ってきたこと）についての知識、そして親を含めてのその他の利用できる支援資源を探す方法へと向け直すことができます。

短期治療的介入

スタッフ支援ルームに配属しているメンタルヘルス職員は、生徒やより特別なサービスを求める学校共同体のその他のメンバーに比較的短期の介入を提供することができます。支援ルームスタッフと個人的にあるいは友人と一緒にでも、非公式で構造化されない会話をすることが、一般的で合理的な選択肢です。会話からは、より継続的で集中的なサービスが必要と思われるかどうかをスタッフが判断する機会がもてます。

複数の個人が極端な外傷にさらされたような状況（殺人や身の毛のよだつような死を目撃した場合など）では、構造化された集団デブリーフィングを用いる必要があるかもしれません。惨事ストレスデブリーフィング（ＣＩＳＤ）*は、このように具体的な目的のために救急医療領域から借りた技術ですが、特定の非常事態において役に立つことがあります。ＣＩＳＤは、外傷的事件のなかでの個人的体験や感じたことを打ち明けるよう励ますために、構造化された時間制限のある集団セッションを使って、最近外傷を受けた個人に対する援助を提供します。目標は、目撃者や犠牲者が既存の処理メカニズムを起動して、外傷後ストレスの兆候を払いのけられるようにすることです。

ＣＩＳＤには、一般的なストレス症状を減少する戦略を認識し使用するための準備についての教育的な要素が含まれます。同じ外傷にさらされた他者との相互作用により、共同体の感覚が生まれ、他者からの援助を受け入れるように促進されるのです。またそれにより、極端なあるいは機能不全なやり方で危機に対応している個人（もっと個人的な心理学的介入を必要としている人）を発見する機会が提供されます。

*（訳注）惨事ストレスデブリーフィング（ＣＩＳＤ）については、惨事直後に行なうことでむしろ症状が悪化するとの報告もあり、その効用については、異論があるのが現状である。

危機的状況にある生徒のための学校基盤支援グループ

犠牲者の親しい友人同士であったり、亡くなった生徒の運動チームのメンバーであるなど、何か共有される特性のために不安定な状態にあるか、すでにはっきりした外傷体験反応を示しているような生徒に、少人数での話し合いが役立つことがよくあります。被害者と知り合いでなくても、以前よく似た喪失を体験した生徒は、学校で起こった死の後の悲哀作業をするための新しいプログラムに敏感になるかもしれません。危機事件の直後の影響で支援ルームに一緒にやってくるグループは、カウンセリング・スタッフのメンバーに促されて、もっと公式的なピアサポート・グループで数週間から数カ月の期間継続して治療を受けることもあります。

地域の医療機関への紹介

学校内のメンタルヘルス資源は適用範囲が限られているため、もし職員が事項決定の優先原則（表2-2、三二頁）を認めず、適切な評価、支持、介入サービスを提供されなければ、危機に精神的に圧倒されてしまうかもしれません。危機対応チームは、危機の影響下にある、特定の生徒や職員に対するフォローアップや継続的サービスの必要性に目を配るべきでしょう。

教職員に対するサポート

危機計画設定では、危機状況の間、しばしば学校教職員にも支援が必要であることを見落としてしまいます。そこには、生徒の緊急な情緒的ニーズに合わせるために、大人たちは自分の感情や情緒的反応を脇に置くべきであるという暗黙の期待があります。しかし、教職員は生徒と同じタイプの反応（たとえば、ショック、否認、怒り、恐怖、悲哀など）を体験します。危機対応チームは、職員が怒りや葛藤の感情を吐き出したり、話を聴いてもらったり、泣いたりするための機会をつくるべきです。実際、危機は職員にストレス時にお互いの支持や、ケア共同体を明確にするつながりを強化する機会を提供します。教職員の支援は、学校危機を査定するだけでなく、教職員の様子を観察するために部屋を行き来する「いかだ」である危機対応チームメンバーにとって、重要な仕事です。おそらく危機対応チームの「いかだ」が教室や任務を補っている間、教職員には、自分を落ち着かせたり仲間と語ったりするために行く職員休憩室のような空間をつくることが望ましいかもしれません。子どもと一緒に作業しない付加的な支援要員が学校にいる場合は、校長が職員支援ルームの要員を一人割り当ててもよいでしょう。

職員支援ルームは、援助を必要としている保護者たちを巻き込む手段にもなりうるでしょう。また、食物は、ストレス状況下でとても気持ちを落ちつかせるものとなります。危機対応チームは、手伝いをしたがっている保護者たちにドーナツやジュース、果物やその他ちょっとしたものを教職員のために持って来てもらうよう頼むのもよいでしょう。

校内の大人たちのニーズに注意を向けなければ、自分のことを自分で世話しなくてはならない教職員も出てきて、翌日には病気になったという連絡が入るかもしれません。教職員自身が苦しんでいると、彼らは親しく寄ってくる生徒や、困難な状況の理解と処理を助けてくれる信頼できる大人たちのニーズに応えることができないと感じるかもしれません。教職員の困難を援助することにより、危機対応チームは生徒支援における教職員の有効性を大いに高めることができるでしょう。

第6章 全体像――統合的メンタルヘルス・サービス

学校基盤危機対応チームの包括的システムをつくり上げるうえで、主な障害となるのは、学校内にメンタルヘルスの専門家が不足していて、彼らの需要が非常に大きいことです。危機活動が他の価値あるサービスと時間や資源の面で競合する場合、このことが一般的な軋轢となります。しかし、危機対応が統合的な学校メンタルヘルス・サービスシステムの構成要素の一つであるならば、効果的なチームワークと調整された資源の使用により、危機対応システムを容易につくることができます。

調整されたメンタルヘルス派遣システムには、図6-1に示されるように防止から介入、反応（あるいは事後反応）までの連続的アプローチを補うサービス範囲が含まれます。効果的なシステムでは、他の排斥へとつながる連続体の一部に焦点を当てるのではなく、むしろ互いに補完し合うような、配慮の行き届いた戦略的混合アプローチに依存します。

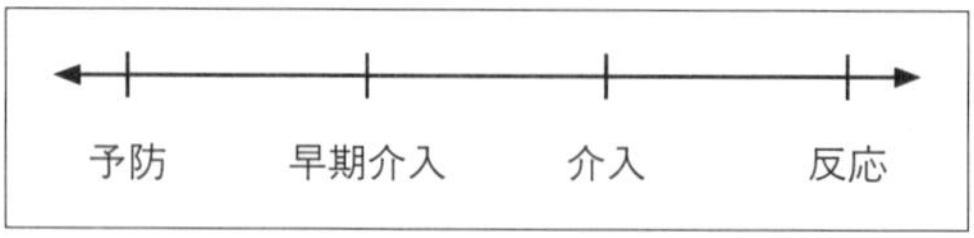

図６－１　連続するメンタルヘルス・サービス

たとえば予防的戦略を、生活技能教育（たとえば、社会問題解決、コミュニケーション、葛藤解消、ストレス軽減など）として教育課程に組み込み、教職員が全生徒を査定して指導にも組み込んでいるような高校を想定してみましょう。このようなシステムの結果として期待されるのは、学校教職員と生徒の絆が強まり、積極的な学校風土が促進されることです。

このように、予防活動は危機対応をいくつかの面で促進するでしょう。

- 学校教職員は、危機時の生徒への支援提供においてより効果を示すようになるでしょう。
- 生徒は、おそらく体験から学習したり慣れたりすらして、より成熟した適応的な方法で個人的困難にさらに対応できるようになるでしょう。
- 学校教職員は危機状況についてより迅速に学び、役に立つ情報を生徒から得られるでしょう。

・生徒は、危険で有害な行動に走ることが少なくなるかもしれません。

しかし、予防を強調すれば危機が生じないという保証があるわけではありません。予防活動は実際、生徒が信頼できる支援的な学校教職員に彼らの困難な個人的状況を打ち明ける状況になるメンタルヘルス・ニーズをさらに明らかにするでしょう。日常的に学級で起こることも、危機対応システムの重要な構成要素になります。教師は、生徒が感情体験の適切な方法を真似るように、そして学級のなかに入ってくる重要な個人的問題に注意深く慎んで対応するように、生徒と信頼関係をつくります。

生徒がどの程度感情を伝えたり個人的要求を知らせるかは、教師がつくりあげ育てる学級の雰囲気と期待によって決まります。たとえば、生徒は死や喪失についての正確で役に立つ情報を教師に要求することができるとわかるかもしれません。そのような話題について議論することで、つらい題材を教師と語り合うことができるということを生徒に知らしめ、それによって危機の間の建設的な相互作用の基盤をつくりあげるのです。

図6-1に示されるモデルに戻りましょう。危機対応はメンタルヘルス・サービスの連続体のどの部分に当たるでしょうか。危機対応は、厳密には行動の領域にあるものとして

特徴づけられる傾向があります。準備を除けば、実際それはその通りでしょう。しかし、本書で示される危機対応アプローチでは、予防と介入の戦略が組み込まれています。

危機に効果的に対応することの目に見えない利益は、危機対応努力が不足していたり不適切だったりする場合に生じうる混乱や破滅が予防されることです。不適切な危機対応により生じる結果のうち、最も悲惨な例は、自殺事件後の連鎖自殺です。危機は、その他のストレッサーによって心的外傷を受けたことのある生徒や教職員に、彼らの不安定な状態を認識させ、外部からの援助を受け入れさせる機会ともなります。

準備をして知識をもち、危機状況を処理する自分たちの能力を信頼することによって、学校危機対応チームは、二次的混乱の結果としてのさらなる危機の増大を予防し、生徒や教職員の回復を援助します。学校教職員による共同的でうまくいく危機介入は、学校環境内で尊敬と効力感を生み出し、同時に地域からの信頼と支援を育成します。

学校安全の運営は、危機計画に自然に伴うことです。学校危機対応チームは、起こりうる危機や、危機状況を悪化させうる環境の種類について考慮して、監視できない校門は施錠したり、環境の危険要因を排除したり、有害な行為と武器の使用を根絶する方針を打ち立てるなどの、さまざまな安全手段を提案することができます。危機の準備と対応に関連する学校安全と暴力の防止を促進することが最良です。

総合的に安全な学校と危機対応は、立派で価値のあるものに聞こえるかもしれませんが、多くの校区で実行可能なようには思えないかもしれません。財政状況の悪化により、学校はより少ない資源でより多くのことをするよう求められており、危機対応システムを最も必要としているまさにその校区が、そのシステムの運営や提供が最もむずかしくなっているかもしれません。これらの校区では、一連のサービスが提供されるような地方のあるいは州レベルでの拠点をつくり上げることを含めた独創的で費用効率的なアプローチを必要としているでしょう。一連のサービスとは、たとえば次のようなものです。

- 訓練教材の開発
- 学校教職員が危機計画を開発することに対する援助
- 人材と情報のための情報センターの提供
- 学校危機が生じた場合の現地での支援提供
- 危機対応に関する事件後の評価（報告聴取など）をする支援チーム

地域の教育協力者の存在によってそのような拠点をつくったり、新しい共同体契約をすることが可能になるかもしれません。その他の可能性として、政府の計画（安全で薬物のない学校計画など）や私立財団、あるいは新しい州法律制定からの保証が得られるかもしれません。

安全な学校、生徒、教職員、保護者の間の開かれたコミュニケーションを促進する学校、個人的責任と社会に向けた行動を教え強化する学校、危機における個人のための支援を提供するメンタルヘルス・ニーズについて支援的である学校は、教育的目標についての支えにもなります。危機予防と対応のシステムは、この図式の自然な部分であり、そのような環境に広がる健康と安全にさらに貢献します。

付録A　学校危機計画開発のガイドライン

危機対応チームは毎年、学校危機計画を見直し、新しい情報を加え、少なくとも手短に教職員全員とそのことについて議論しなければなりません。計画では、以下の情報を含む必要があります。

□ 学校名、住所、電話番号。

□ 学校危機対応チームのメンバー。部屋番号、電話番号（該当する場合）、巡回メンバーのスケジュールを含む。この情報を掲載するのに一番適した場所は計画書の表紙です。

□ 放課後に危機が起こった場合に教職員を呼び出すための電話連絡網。

□ 緊急の際にチームを召集する校内での危機規約。リーダーが校外にいる場合、代わりに規約の行使を認可する緊急対策チームのメンバーを明確にしておくこと。

□ 各メンバーの役割の説明。役割を規定するために学校基盤の危機介入モデル（第2章）を参照。

□ メンバーの万一の不在に備えた補充職員一覧表。たとえば、秘書が不在のときに電話をとってくれる人など。

□ 危機管理に関与する教師のクラスを担当する教職員を指定した一覧表。

□ 救急処置と心肺機能蘇生術に精通している教職員一覧表。

□ 学校危機対応セット一式とその配置の要旨一覧表。

□ 自然災害時や極度の非常事態時に、学校教職員が生徒を避難させられるような近隣の場所。連絡窓口と電話番号を明確にしておくこと。

□ 保護者への通知のコンピュータのファイル名を表示しておくこと（付録Bを参照）。

□ 緊急事態の間の教職員全員の役割の概略（計画を立てている間の守衛や代わりの教師など）。

付録B　通知の手紙の見本

以下の見本は、学校を含む地域社会のさまざまな構成員全員に、的確かつ簡潔で一貫性のある情報が確実に行き渡るように送付されます。情報は、それぞれの立場に合わせて適切に選択し伝えられる必要があります。

教職員用の通知見本

これは学校を含む地域社会の誰かが死亡したという通知を、職員にただちに知らせるための通知見本です。

日付：
宛先：職員各位

送付元：［学校名］危機対応チーム
用件：［死亡者名］[*1]

今回、［死亡者名］[*1]の［突然の］訃報により、私たちの学校を含む地域社会全体が大変な衝撃を［受けています／もしくは受けると思われます］。私たち危機対応チームはこの悲劇的な出来事に対応するべく結成されました。

［日にち］［死亡者名］[*1]［事実］[*2]。私たちは生徒たち、保護者、私たち職員メンバーからこの訃報に対するさまざまな反応が生じることを予想しています。反応には穏やかなものもあれば、激しいものもあるでしょう。

学校を含む地域社会に住むすべての方がたを効果的に支援するために、［日にち］［時間］［指定場所。たとえば、カフェテリア、講堂など］で緊急職員会議を行ないま

（訳注）＊1および＊2については、八九頁を参照のこと。

す。その頃には、私たち危機対応チームは、生徒たちに情報を提示する方法を含め、さらなる情報を提供することになります。当座の間、［メディア名、通信コーディネーター名］に対する外部の情報源からの問い合わせすべてに答えてください。

生徒たちとともに今回の訃報を受け入れる教職員もいるかもしれません。しかし、まもなく情報は学校の教職員によってすべての人に提供されるので、詳細や状況を議論するのは差し控えてください。もし必要ならば、危機に陥っているように見える生徒には、［カウンセリング・サービスのコーディネーター名］を教えてください。必要に応じて、［カウンセリング・サービスのコーディネーター名］から援助を求めるように職員メンバーに勧めましょう。

緊急対策職員会議
時間：
日：
場所：

生徒への通知見本

これは教師やその他の職員がホームルームやその他指定時間に生徒に読み聞かせるための通知見本です。

あなたも知っての通り、［日付］に、［死亡者名］*1［事実］*2。

あなた方の多くが、［死亡者名］*1の訃報にさまざまな疑問や、おそらく動転した気持ちをもっていると思います。そして、私たちはあなた方のさまざまな疑問に答えたいと思っています。もし、希望があるなら、私たちはこのことについて話すため、この［期間、もしくは特定の教室］、残るつもりです。泣いても、怒ってもかまいません。どんな気持ちであっても、自分の気持ちを伝えることはとても大切です。もし、私たちがあなたの疑問に答えられなかったり、個人的に話をする必要があるときには、［利用可能な支援場所のリスト。たとえば、指導室、保健室、一〇二号室］をすぐに利用できます。［カウンセラーやサポートセンター］に行く必要を感じている人は、誰でも今すぐ行くことができます。私たちが紹介状を書きます。

保護者への通知見本

学校の事務用品でこの通知を印刷し、郵送、もしくは生徒に持ち帰らせてください。

保護者各位

前略

最近学校で起こった訃報を伝えなければならないことに深い悲しみを感じています。［日付］に、［死亡者名］[*1]［事実］[*2]。この訃報に接し、私たち学校を含む地域社会全体、特に生徒たちには多くの疑問や不安、感情が確実に起こると考えられます。

［学校名もしくは学区名］では、このような緊急時に生徒たちや保護者の方がたの必要に応じるべく訓練を受けたさまざまな専門家から成る危機介入チームを設置して

きました。

もし、さらなる情報を求めたり、支援が必要であれば、［電話番号］に電話をして［コミュニケーション・コーディネーター名、もしくはカウンセリングサービスのコーディネーター名］と連絡をとってください。あなたがご家庭で子どもたちを助ける際に役立つと思われる情報をいくつか載せました。［学校名］には、支援を必要とする生徒たちがすぐに利用できるようにカウンセラーもおります。保護者の方がたもまた私たちを活用することをお勧めします。

草々

［署名欄］

（署名者名と題名をタイプ打ちにする。通知は一般に代表者や最高責任者や危機対応チームの代表がサインしているものなので）。

以下は、前出の手紙における注に置き換えられるに適当な情報の例です。

＊1　ジョン・スミス、八年生／スミス婦人は七年生の英語を教えていた／ジョーンズはマリージョーンズの父親である

＊2　交通事故により死亡／長い闘病生活の末、死亡／突然脳梗塞に襲われ死亡／自殺

付録C　危機情報書類の見本要旨

□ 学校地域の危機対応手順。

□ 学校危機計画、地域の緊急チームが利用できる電話連絡網。

□ 部屋番号が明記された建物の避難地図。通常一日中開かれているドアに印をつけておくこと。そのドアは開放を固定する必要があるでしょう。

□ 普段学校内にいるすべての人のリスト。これには秘書、守衛、外食作業者、介護者、ボランティア、補佐の保護者を含む。

□ 関連する話題が掲載されている雑誌情報源（たとえば、死、子どもの安全、自殺の防止）、それは両親と生徒に配布できるような、または通知の手紙と一緒に家庭に送れるようなものであること。

□ 生徒と職員の血液型などの情報が記載された救急用カードの保管場所（できれば手近に置いておく）。

□ 危機事態において必要とされる記入用紙（たとえば、事故報告書）。

□ 学校危機対応セット（付録D参照）とその他の緊急時の資料と備品の保管場所。

付録D　学校危機対応セットの見本要旨

各学校は、さまざまな資料と緊急時に職員が必要とする必需品を含んだ一式を集めて整理すべきです。一式は周知されており、危機対応チームだけでなく、危機状態において主導権をもつ必要のあるどの教職員も利用できるものであることが望ましいです。以下のリストは、ポーティスとポーティス（Portis & Portis, 1992）によって改変された見本要旨であり、災害防止に関するさらなる情報が得られるでしょう。

□　救急箱
□　無線通信装置（トランシーバーなど）
□　懐中電灯
□　マッチ類
□　毛布

□ 筆記用具（用紙や索引カード、マーカーを含む）
□ 大きめのビニール袋、プラスチック製の水差し、バケツなどの保存資材
□ 浄水剤（タブレットやヨウ素、漂白剤）
□ ロープ
□ ナイフ
□ はさみ
□ 大工道具（ハンマー、小型手のこぎり、ねじ回し）
□ テープ（ダクト、マスキング）

付録E　危機対応チームの訓練のためのストーリー

危機対応チームの訓練の中心的な要素として、特に模擬訓練が役立ちます。以下に続くストーリーを利用し、ファシリテーターは一連の質問を提示し、付加的に情報を供給することによって議論を進めることができます。一つの例として、ストーリーD（九九頁）がファシリテーターの手引書に最適といえるでしょう。

より効果的にするために、このストーリーは実際の危機事態が起こったと想定して使用してください。仮想の事態に対応するとき、チームメンバーたちは訓練中は本書で述べられている、訓練中に取り入れる危機対応チームとしての役割をとります。訓練中は参加者は役になりきり、職務をこなすことが重要です。ファシリテーターは実際の生活で自然に起こった危機に遭遇しているべきでしょう。ときどき、参加者がちょうど効果的に一つの課題に対処できたと思っているときに、新たな難問が降りかかってきます。これによって参加者たちは不安を引き起こされるかもしれませんが、プレッシャーの下でチームとして前向きに働く方法を模索することは、この模擬訓練の一つの大きな目標となっています。ファシリテーターたちはできるだけ容易な場面（たとえば、ある生徒の不自然でない突然死など）から始めて、参加者全員の技術水準を一致させるための設定を行なうべきです。チームがそれぞれの役割と責任に慣れ、基礎技術を習得したら、より障害が多く、予期せぬ要素の多い難度の高い設定を行なうことが可能になるでしょう。目標はチーム全員が圧倒されることなく挑戦できることにあります。

危機対応チームがうまく確立されてからも、学校場面で実施されている危機訓練は一考の余地があります。たとえ十分に確立されたチームであっても、定期訓練を通しての一定の訓練から得るものがあるのです。訓練には、たとえば警官、レスキュー隊など地域社会にいる連携者も含まれるべきです。そうすることで、真の緊急事態に対処するであろう人すべてが効果的に連携することを学べるのです。もし生徒たちが危機訓練に参加したり、またたとえ訓練を見学するだけであっても、そういった活動によって不安を感じることはないので、彼らに心の準備を進める最良の方法が慎重に考慮されるべきでしょう。

危機状況のストーリーでは、実際の緊急事態で起こる多彩な要求を扱っています。無事と安全、効果的なコミュニケーションと共有される情報、生徒たちと職員が心理的に、情緒的に必要とするものを顧慮することをチームが求めるようなさまざまな状況を確実に描いてください。危機に対処するなかでの挑戦によって、これらの範囲は同時に効果的に扱われます。

想定した練習課題か、あるいは危機訓練のストーリーを使用するときは、参加者はこの練習から学んだことを復習すべきです。つまり、特定された強さや利点、潜在している弱さ、技術不足が明らかになるからです。チームがグループとしての過程を踏むことで学んだことを反映していくこともまた重要です。つまり、決定はどのように下されましたか。議長があまりに命令的であり、メンバーは自分の意見を述べる機会を逃していないでしょうか。十分にどのメンバーも同等に参加して、決定は妥協で成立したでしょうか。チームメンバー間の葛藤はどのように気づかれ、調整されたでしょうか。共に活動した過程を振り返ることは、築かれつつあるチームにとって非常に重要な要素であり、チームの成長を促進します。そのようなチームはメンバーが互いに、また実際の危機における学校を含む地域社会に住む人に最大限の支援ができるように適切に機能しています。

ストーリーA

暴風雨が瞬時に不意にひどくなり激しい雷雨になってきている。学校の職員たちが緊急下校処置をとり始める前に、竜巻のような風が学校に吹き付ける。風により窓ガラスのほとんどが割れ、飛んできたガラス破片で職員や生徒たちは怪我をしている。壁の一部は吹き飛ばされ、生徒たちで埋め尽くされた二つの教室は丸見えになっている。倒れた木によって学校に送られる電力が断絶され、送電線は正面玄関の外側の離れた場所にある。現在の状況はつまり、電気がない、電力装置は回復不能、電話は正常な状態にある。主な部屋、つまり職員室、保健室、食堂には電話がある。看護師と秘書は、今日は学校にいない。

ストーリーB

学校企画の大きな州立公園への遠足で、一人の生徒がグループから消え、湖で溺死する。溺死した生徒は人気者だった。クラスメートの多くは帰るためにバスで待っている間、救助場面と無駄に終わった蘇生の努力を目にしている。その場に駆けつけたレスキュー隊は、ショックを起こしている教師一名を救急搬送する。

ストーリーC

二回目の昼食時間の間に起こった一連の喧嘩によって食堂は壊れ、生徒二名がおそらくナイフによる怪我をしている。二人ともひどい出血がある。職員の一人が銃を見たと報告する。喧嘩に巻き込まれた生徒の多くは許可なく構内から出ている。生徒たちの間では、喧嘩はギャング絡みで、これからもっとひどいことが起こるだろうと言われている。生徒の多くは食堂の外や廊下で混乱して動き回っている。現場を目撃した何人かは明らかに混乱を示している。校長は一日中会合に出席しており、カウンセラーは別の学校に行っている。学校にいる職員は、看護師、スクールソーシャルワーカー、教頭、秘書、食堂職員、教師たちである。

ストーリーD

教職員が校長に、水曜日の深夜、生徒のマークが銃で撃たれ、わずか数時間前に死亡したと通知する。マークの伯母は学校の職員の一員であるが、代わりに別の職員が校長に知らせた。校長は即座に学校危機対応チームの代表に伝える。最初の情報は大雑把であったが、地元警察の署長との話し合いで、マークの殺害はドラッグ絡み、もしくはギャング絡みとの見方が強いことが確認される。

マークは非常に人気のある生徒で、年の初めに別の地区の学校から転校してきた。職員はちょうど昨日マークと話をしており、そのとき彼は金曜の夜に行なわれる学校のダンスパーティが非常に楽しみだと話している。葬儀は月曜か火曜まで行なわれない。というのは法律上の問題が絡んでおり、家族は遠方に旅行中だからである。

学習の手引書

ファシリテーターは上記のストーリー（この場合はストーリーD）をグループに読ませ、数分間議論をさせる。ファシリテーターは、以下に列記されたポイントを導き出すためにいくつかの質問をしたり、必要ならば詳細を検討したり促すことで、次の質問をはさみながらグループを導く。グループ議論の後、ストーリーにさらに評定を下す（ファシリテーターのコメントとして記載される）。

1 すぐになされるべきことは何でしょう（たとえば、今夜）？

（a） 通知を必要とされているのは誰、いつ、そしてどんな目的でしょうか？

・緊急対策チームのメンバーに緊急チーム会議の予定を立てるために知らせる。
・学校教職員に緊急職員会議について知らせる。
・地域の危機対応チームに知らせる。特に一校以上の学校が危機事態に巻き込まれているとき。

・生徒たちの安全が脅かされる可能性が考えられるときには、警察窓口と連絡をとる。

（b）誰がマークの家族と連絡をとるべきか、そしてその目的は何か。

・学校の代表者が哀悼の念を伝え、支援の申し出をし、委託があれば家族のカウンセリング・サービスを提供するべきである。

ファシリテーターのコメント

危機対応チームの代表が教職員への通知コーディネーターと連絡をとる。コーディネーターは電話連絡網から始め、学校教員と職員すべてに木曜日の朝（始業前）に緊急対策職員会議をすることを知らせる。チームの代表は緊急対策職員会議をすぐに行なえるよう、危機対応チーム会議を計画する。代表はその地区の危機対応チームに、地区代表にマークが以前いた学校と連絡をとるように勧めるように言う。地区代表はその地区のカウンセリング・サービスのコーディネーターを知らせる。これは、さらにカウンセリングが必要であり、木曜の朝の職員への支援も必要であると予想してのことである。学校危機対応チームの代表は次の日の朝、詳細の事情を求め、生徒たちの身の安全をはかるため、警察窓口と連絡をとる。

2 木曜日の危機対応チーム会議で扱われる議題は何か

- 警察が出したものも含み、知らされている情報を検討する。
- 計画が、生徒が必要とするもの、生徒の反応に対処できるものか再検討する。
- ギャングが絡んでいる可能性をあげ、生徒の安全性の問題を伝える。
- どの程度、生徒にカウンセリング・サービスが必要か見極める。支援室の役割と役割配置を考える。
- 教職員へのカウンセリングや支援のためにさらなる処置が必要かどうか決定する。
- 通知計画を議論する。チームは保護者を対象にした会議をもつべきなのか。
- 生徒と保護者への通知の手紙を準備する。
- コミュニケーション・コーディネーターが電話の受け手のために説明文を準備する。

- 報道陣の質問への対処について議論し、地域のメディア・コーディネーターと連携をとり新聞発表の準備をする。
- 緊急対策職員会議の会議事項の予定を組む。学校教職員の反応に注意を払うのを覚えておくこと。
- 学校危機対応チームの次の会議の日程と計画を立てる。教職員のためのフォローアップ会議も予測して計画を立てること。

ファシリテーターのコメント

マークが今の学校でも以前の学校でも人気があったことを認識したら、緊急対策チームは大多数の生徒が反応することを予想できる。生徒のために支援室に職員を配置するために、チームメンバーは地区のカウンセリング・サービスのコーディネーターと連絡をとり、近隣の学校のカウンセリング職員を配置し、その日この学校に割り当てられるように調整する。初日から支援室にはカウンセラーが配置され開かれていること。このことを校長はホームルームの時間に校内放送で生徒に知らせる。危機対応チームはその日の放課後にフォローアップ会議を開く予定をしておく。校長は、危機対策チーム会議に追随するために、すぐに木曜の朝の登校前に緊急対策職員会議を計画している。

3　木曜日の朝の緊急対策職員会議で行なわれるべきことは？

・知らされている情報と状況報告書を再検討する。噂を抑える必要性に強調点をおく。
・教職員の反応を調べて適切な支援を提供する。
・生徒が必要とするものと反応に対応するための危機対応チームの計画を再検討する。
・生徒の安全の問題を伝える。
・チームが特に生徒の安全に脅威をもつならば、混雑管理計画を再検討する。
・カウンセリング・サービスを提供し、ガイドラインと委託手順を明確にし、計画を再検討する。
・生徒と保護者への通知を再検討し配布する。
・生徒の葬儀参列を議論する。

・フォローアップ職員会議の予定をたてる。

ファシリテーターのコメント

職員会議のとき、一人の教師が、学校のダンスパーティを中止すべきかどうか、と質問する。ダンスパーティは次の日の夕方に予定されている。教師は予定通りダンスパーティを開催する決断をするが、補助として教師はダンスパーティに配置される。彼らは月曜の午後にフォローアップの職員会議を計画している。

4　もしあなたがマークの以前いた学校の危機対応チームなら、どのように計画を立てていただろうか

監訳者あとがき

近年、犯罪や災害により、日本の学校の安全が脅かされる傾向にあります。特に最近は、学校内での犯罪が増加傾向にあり、警視庁の統計によると、平成十三年度には、学校内で四万件以上の犯罪があり、これは六年前に比べるとほぼ二倍になっています。このような犯罪や災害は、学校を危機に陥れます。残念ながら、わが国の学校の実情は、このような学校危機への組織的対応の面で、十分な対策が講じられているとは言えません。学校危機に対する準備や対応については、わが国ではまだ始まったばかりであり、当然のことながら学校危機にたいしての準備や対応を示すような著書は非常に少ないのが現状です。

著者らは、エール大学のグループで、一九九九年に暴力被害を受けた子どものための国立センターを設立し、二〇〇一年九月十一日のニューヨークのテロのあと、千校以上もあるニューヨークの公立学校をベースに、地道な学校支援活動を行なってきています。

もちろん、日本とアメリカとでは、教育制度や文化的な背景も異なりますが、本書は、これからも起こりえるかもしれない学校危機への準備と対応について、得がたい指針を示すものと確信しております。この本が学校関係者のみならず、医師、臨床心理士、精神科ソーシャルワーカーなどのメンタルヘルスの専門家のお役に立つことを願ってやみません。

また、さまざまな助言をいただきました学校危機メンタルサポートセンターのスタッフである瀧野揚三先生、岩切昌宏先生やワープロの入力をお手伝いいただいた長谷育枝さん、さらに、本書の翻訳に対して、ご協力いただいた広島大学若林紀乃さん、甲南大学垣口佐保さんに心から感謝いたしたいと思います。

最後になりましたが、編集の労をお取りいただいた誠信書房長林伸生さんに深く御礼を申し上げます。

二〇〇四年九月　大阪 池田にて

元村 直靖

著者について

ディビット・ショーンフェルド（David J. Schonfeld）は、エール大学医学部小児科と子ども研究センター（333 Cedar St. P.O.Box 208064, New Haven, CT 06520-8064）の準教授であり、暴力にさらされた児童のための国立センターのなかに設置された、学校危機予防対応会議のプログラム・コーディネーターでもある。

E-mail: david.schonfeld@yale.edu.

ロバート・リヒテンシュタイン（Robert Lichtenstein）はコネチカット州教育局の学校心理と学校ソーシャルワークのコンサルタントである。（25 Industrial Park Road, Middletown, CT 06457）

E-mail: Bob.Lichtenstein@po.state.ct.us.

マーシャ・クライン・プルエ（Marsha Kline Pruett）は、コネチカット・メンタルヘルスセンターとエール大学医学部、法と精神医学部門の研究員である。（34 Park St. New Haven, CT 06508）

E-mail: Marsha.Pruett@po.state.ct.us.

ディー・スペーゼ＝リネハン（Dee Speese-Linehan）はニューヘブン公立学校の社会開発局のスーパー

バイザーである。（250 Greene St. New Haven, CT 06511）
E-mail: dee.speeselinehan@newhaven.kiz.ct.us.

危機計画に関係するＡＳＣＤ教材

本書出版の時点では、次のＡＳＣＤ（Association for Supervision and Curiculum Development）教材が利用可能です。ＡＳＣＤ教材に関する最新の情報はウェブサイト（www.ascd.org）でご覧になれます。

オーディオテープ

Beyond the Crisis Management Plan by Edward Seifert（#200107）

ネットワーク

ＡＳＣＤウェブサイト（www.ascd.org）の下にあるNetworkの項目をクリックする。Networkのサブカテゴリーに Network Directory があり、これを見れば人格教育（Character education）やグローバル教育（Global education）のファシリテーターの連絡先がわかる。

印刷物

Communicating with the Public : A Guide for School Leaders by Anne Meek（#199052）

Quick Refernce : Seven Important Steps to Take in a Crisis by Educational Service District 105, Yakima, Washington（＃197176）

Quick Response : A Step-by-Step Guide to Crisis Management for Principals, Counselors, and Teachers by Educational Service District 105, Yakima, Washington（＃197175）

ビデオテープ

A Safe Place to Learn : Crisis Response and School Safety Planning by Bob Watson（＃496062）

さらなる情報を希望の方は、われわれのウェブサイト（www.ascd.org）を訪れて、メール、ＦＡＸあるいは手紙で連絡してください。

Schonfeld, D. J. (1989). Crisis intervention for bereavement support: A model of intervention in the children's school. *Clinical Pediatrics 28*, 27–33.

Schonfeld, D. J. (1993). Talking with children about death. *Journal of Pediatric Health Care, 7*, 269–274.

Schonfeld, D. J. (2002). Supporting adolescents in times of national crisis: Potential roles for adolescent healthcare providers. *Journal of Adolescent Health, 30*(5), 302–307.

Schonfeld, D. J., & Kappelman, M. (1992). Teaching elementary schoolers about death: The toughest lesson. *Education Digest 58*(4) 16–20.

Schonfeld, D. J., Kline, M., & Members of the Crisis Intervention Committee. (1994). School-based crisis intervention: An organizational model. *Crisis Intervention and Time-Limited Treatment, 1*, 155–166.

Sheley, J., McGee, Z., & Wright, J. (1992). Gun-related violence in and around inner city schools. *American Journal of Diseases of Children, 146*, 677–682.

Taylor, L., Harik, V., & Zuckerman, B. (1992). Exposure to violence among inner city parents and young children. *American Journal of Diseases of Children, 146,* 487.

Mitchell, J. T. (1983). When disaster strikes: The critical incident stress debriefing process. *Journal of Emergency Medical Services 8*(1) 36–39.

Moriarty, A., Maeyama, R. G., & Fitzgerald, P. J. (1993). A CLEAR plan for school crisis management. *NASSP Bulletin, 77*(522) 17–22.

Newgass, S., & Schonfeld, D. J. (2000). School crisis intervention, crisis prevention, and crisis response. In A. Roberts (Ed.), *Crisis intervention handbook: Assessment, treatment, and research* (2nd edition) (pp. 209–228). New York: Oxford University Press.

New Haven Public Schools. (1992). *Social development project, 1991–1992 evaluation report.* New Haven, CT: Author.

Pastore, D., Fisher, M., & Friedman, S. (1991). Violence and mental health risks among urban high school students. *Journal of Developmental and Behavioral Pediatrics, 12*(4) 273–274.

Petersen, S., & Straub, R. L. (1992). *School crisis survival guide: Management techniques and materials for counselors and administrators.* West Nyack, NY: Center for Applied Research in Education.

Pitcher, G., & Poland, S. (1992). *Crisis intervention in the schools.* New York: Guilford Press.

Poland, S. (1994). The role of school crisis intervention teams to prevent and reduce school violence and trauma. *School Psychology Review, 23,* 175–189.

Portis, M., & Portis, R. (1992). Ready for anything. *American School Board Journal, 179*(11) 41–43.

Rapoport, L. (1965). The state of crisis: Some theoretical considerations. In M. J. Parad (Ed.), *Crisis intervention: Selected readings.* New York: Family Service Association of America.

文 献

American Academy of Pediatrics: Committee on Injury and Poison Prevention. (1992). Firearm injuries affecting the pediatric population. *Pediatrics, 89*(4), 788–790.

American Psychological Association. (1993). *Violence and youth: Psychology's response.* (Vol. 1). Washington, DC: Author.

Centers for Disease Control. (1992). *Youth suicide prevention and resource guide.* Atlanta, GA: Author.

Ewalt, P., & Perkins, L. (1979). The real experience of death among adolescents: An empirical study. *Social Casework: The Journal of Contemporary Social Work, 60,* 547–551.

Halprin, H. A. (1973). Crisis theory: A definitional study. *Community Mental Health Journal, 9,* 342–349.

Kline, M., Schonfeld, D. J., & Lichtenstein, R. (1995). Benefits and challenges of school-based crisis response teams. *Journal of School Health, 65,* 245–249.

Klingman, A. (1988). School community in disaster: Planning for intervention. *Journal of Community Psychology, 24,* 48–54.

Lichtenstein, R., Schonfeld, D. J., & Kline, M. (1994). School crisis response: Expecting the unexpected. *Educational Leadership, 52*(3) 79–83.

Lyons, J. A. (1987). Post-traumatic stress disorder in children and adolescents: A review of the literature. *Journal of Developmental and Behavioral Pediatrics, 8,* 349–356.

監訳者紹介

元村直靖（もとむら　なおやす）

1986年　大阪医科大学医学部大学院博士課程修了

現　在　大阪教育大学教授，同大学学校危機メンタルサポートセンター長

著訳書　『心的外傷後ストレス障害』（共著，星和書店，2004），『サイコロジカル・トラウマ』（監訳，金剛出版，2004）

訳者紹介

垣口佐保（かきぐち　さほ）

1977年　神戸大学文学部卒業

現　在　甲南大学大学院博士課程在学中，大阪教育大学リサーチアシスタント

学校危機への準備と対応

2004年11月30日　第1刷発行

監訳者　元村直靖
発行者　柴田淑子
印刷者　西澤利雄

発行所　株式会社　誠信書房

〒112-0012 東京都文京区大塚3-20-6
電話　03 (3946) 5666
http://www.seishinshobo.co.jp/

あづま堂印刷　イマヰ製本所　落丁・乱丁本はお取り替えいたします
検印省略

ISBN4-414-20216-7 C1037